Gestão social
Metodologia, casos
e práticas

COLEÇÃO **FGV**  PRÁTICA

Gestão social
Metodologia, casos e práticas

Fernando G. Tenório | coord.

5ª EDIÇÃO

ISBN — 978-85-225-0623-1

Copyright © 1998 Fernando Guilherme Tenório

Direitos desta edição reservados à
EDITORA FGV
Rua Jornalista Orlando Dantas, 37
22231-010 — Rio de Janeiro, RJ — Brasil
Tels.: 0800-021-7777 — 21-3799-4427
Fax: 21-3799-4430
e-mail: editora@fgv.br — pedidoseditora@fgv.br
web site: www.fgv.br/editora

Impresso no Brasil / Printed in Brazil

Todos os direitos reservados. A reprodução não autorizada desta publicação, no todo ou em parte, constitui violação do copyright (Lei n º 9.610/98).

1ª edição — 1998
2ª edição — 2000
3ª edição — 2002
4ª edição revista e atualizada — 2003
5ª edição revista e ampliada — 2007
1ª reimpressão — 2010, 2ª reimpressão — 2013

REVISÃO DE ORIGINAIS: Maria Lucia Leão Velloso de Magalhães e Izabel Buarque

REVISÃO: Aleidis de Beltran e Francisco Edmilson Mendes Carneiro

CAPA: aspecto:design

Ficha catalográfica elaborada pela Biblioteca
Mario Henrique Simonsen/FGV

Gestão social: metodologia e casos / Coordenador Fernando Guilherme Tenório. — 5 ed. rev. ampl. — Rio de Janeiro : Editora FGV, 2007.

136p.

Inclui bibliografia.

1. Administração pública — Estudo e ensino. 2. Administração pública — Estudo de casos. 3. Administração pública — Participação do cidadão. I. Tenório, Fernando Guilherme. II. Fundação Getulio Vargas.

CDD-353

Sumário

Apresentação 7

Capítulo 1
(Re)visitando o conceito de gestão social 9
Introdução 9
Cidadania deliberativa 12
Participação 20
Concluindo o revisitado 26
Bibliografia 28

Capítulo 2
O método do caso no ensino de administração pública: um exercício prático 31
Introdução 31
O ensino de administração pública 32
O método do caso 33
Procedimentos metodológicos para a elaboração do Caso do Município Ebapiano 41
Conclusão 49
Bibliografia 50
Anexo: Projeto Nutricional de Ebapiano (Pronutri) 51

Capítulo 3
Uma experiência de integração ensino-pesquisa 71
Introdução 71
Metodologia 71
O processo de construção do caso 77

Conclusão	83
Bibliografia	84
Anexo 1: Matriz Institucional Múltipla	85
Anexo 2: Matriz dos Elos Institucionais	86
Anexo 3: Fluxo de Atividades	90

Capítulo 4
Programa de Capacitação Comunitária para o Desenvolvimento
Regional: o local como referência 91

Estratégia de intervenção	91
Fundamentação teórica das oficinas	95
Monitoramento	95
Proposta pedagógica e metodológica	96
O diagnóstico a partir desta proposta metodológica	98
Avaliação didático-pedagógica	100
Bibliografia	100

Capítulo 5
Gestão social: uma experiência de interação academia-sociedade 103

Introdução	103
Referencial teórico	104
A experiência de interação academia-comunidade	117
Considerações finais	131
Bibliografia	132

Conclusão 135

Apresentação

Este livro reúne um capítulo conceitual e quatro trabalhos elaborados por alunos que participaram de projetos de pesquisa no Programa de Estudos em Gestão Social (Pegs) da Escola Brasileira de Administração Pública e de Empresas da Fundação Getulio Vargas (Ebape/FGV). Seu objetivo é contribuir para a formação de gestores capazes de responder às demandas da cidadania, apresentando e analisando instrumentos efetivos para a prática da gestão social.

O conceito de gestão social que norteia o livro relaciona-se com o conjunto de processos sociais no qual a ação gerencial se desenvolve por meio de uma ação negociada entre seus atores, perdendo o caráter burocrático em função da relação direta entre o processo administrativo e a múltipla participação social e política. O que se busca, dessa forma, é o atendimento das atuais necessidades e desafios da administração quanto à democracia e à cidadania participativa, aplicando-se técnicas de gestão que consideram o intercâmbio dos vários atores envolvidos nos processos gerenciais, estimulando o convívio e o respeito às diferenças.

Os trabalhos revelam a preocupação com o uso de métodos de interação com as comunidades envolvidas, assim como recursos metodológicos para a formação e a instrumentalização dos gerentes sociais, atribuindo especial importância ao fato de que a racionalidade técnica pode e deve ser complementada pelo saber do público beneficiário.

A proposição básica de cada trabalho é a seguir explicitada, ressaltando-se que a ordem de apresentação procura facilitar a compreensão das metodologias enfocadas.

"(Re)visitando o conceito de gestão social" discute o conceito de gestão social que é substanciado pela necessidade de que todos os participantes da ação, gestores e usuários, tenham igual direito no processo de tomada de decisão. Sob esta noção, a verdade é a promessa de consenso racional, e os acordos são alcançados por meio da discussão crítica.

"O método do caso no ensino de administração pública: um exercício prático" propõe a introdução de algumas modificações nos padrões de ensino-aprendizagem de administração pública, a fim de reduzir o hiato entre a teoria e a prática da gestão social.

"Uma experiência de integração ensino-pesquisa" conjuga o exercício de técnicas de ensino e de pesquisa, a partir de uma situação concreta de poder local, com a aplicação de um instrumento de avaliação de coordenação entre atores e políticas públicas da área social.

O "Programa de Capacitação Comunitária para o Desenvolvimento Regional: o local como referência" apresenta as bases conceituais e instrumentais de uma proposta metodológica de capacitação comunitária que deve ser implementada em programas de âmbito estadual para o desenvolvimento regional, tendo o local como referência.

"Gestão social: uma experiência de interação academia-sociedade" descreve a prática que alunos do Curso de Mestrado em Administração Pública da Ebape desenvolvem por meio do processo de ensino-aprendizagem com comunidades periféricas do município do Rio de Janeiro.

CAPÍTULO 1

(Re)visitando o conceito de gestão social

Fernando Guilherme Tenório

Introdução

(Re)visitar algo significa tornar a ver alguma coisa que já conhecíamos, e este é o caso do conceito de *gestão social* que foi por nós visitado pela primeira vez em 1990, quando a onda (neo)liberal econômica chegou golpeando, literalmente, as costas do Brasil e dos brasileiros.[1] Sobre a onda navegava o Consenso de Washington, que trazia dentro de contêineres o Estado mínimo, o superávit primário, a não reserva de mercado e outras *commodities* que nos obrigaram a repensar o conceito de *gestão pública*. Este repensar significava entender a administração pública não mais como um meio de contribuição para o desenvolvimento do país, mas apenas como um instrumento de regulação do mercado. E no caso específico de quem trabalha numa instituição de ensino e pesquisa historicamente vinculada à temática do gerenciamento da burocracia pública, a compreensão do novo (*sic*) fenômeno macroeconômico exigia um repensar no seu fazer, do ponto de vista tanto conceitual quanto prático. Ou seja, seria necessária uma mudança no significado e no exercício do que até então entendíamos como ensino, pesquisa e consultoria em administração pública.[2]

E este visitar de novo ocorre em boa hora, pelo estímulo do II Encontro Internacional de Desenvolvimento, Gestão e Cidadania, organizado pelo Curso de Mestrado em Desenvolvimento, Gestão e Cidadania da Unijuí em 2004, na

---

[1] Segundo Emir Sader, "O Brasil estava na contramão da onda neoliberal, que já se alastrava na América Latina, na década de 1980. Reconquistávamos a democracia e, no seu bojo, construíamos uma nova Constituição. Ao reafirmar direitos — Ulysses Guimarães, presidente da Constituinte, a chamou de 'Constituição cidadã' — se chocava com a onda de mercantilização e desregulamentação que se tornava moda. Como o mercado não reconhece direitos, reconhece apenas o poder do dinheiro, a Constituição foi rapidamente combatida pelos que apontavam na direção do mercado e não da democracia" (Sader, 2004:A13).

[2] Esta é uma interpretação do autor, não significando uma percepção da Ebape/FGV.

medida que o tema *gestão social* tem sido objeto de estudo e prática muito mais associado à gestão de políticas sociais, de organizações do terceiro setor, de combate à pobreza e até ambiental, do que à discussão e possibilidade de uma gestão democrática, participativa, quer na formulação de políticas públicas, quer naquelas relações de caráter produtivo. Portanto, neste texto, entenderemos *gestão social* como o processo gerencial dialógico no qual a autoridade decisória é compartilhada entre os participantes da ação (ação que possa ocorrer em qualquer tipo de sistema social — público, privado ou de organizações não governamentais). O adjetivo *social* junto ao substantivo *gestão* será entendido como o espaço privilegiado de relações sociais onde todos têm o direito à fala, sem nenhum tipo de coação.

E o significado desse entendimento tem a ver com estudos desenvolvidos por meio de uma linha de pesquisa na Escola Brasileira de Administração Pública e de Empresas da Fundação Getulio Vargas (Ebape/FGV): o Programa de Estudos em Gestão Social (Pegs), que inicialmente orientou os seus debates e propostas de trabalho a partir de três pares de palavras-categoria: *Estado--sociedade*,[3] *capital-trabalho*, *gestão estratégica-gestão social*, bem como de *cidadania deliberativa*, categoria intermediadora da relação desses pares de palavras. Esta discussão também é abordada no âmbito de duas outras unidades de ensino, pesquisa e consultoria da FGV: o Programa Gestão Pública e Cidadania (PGPC), na Escola de Administração de Empresas de São Paulo (Eaesp) e o Curso de Mestrado em Bens Culturais e Projetos Sociais[4] do Centro de Pesquisa e Documentação de História Contemporânea do Brasil (Cpdoc).

No que diz respeito aos dois primeiros pares de palavras — *Estado--sociedade* e *capital-trabalho* —, inverteram-se as posições das categorias para *sociedade-Estado* e *trabalho-capital*. Aparentemente, tais mudanças de posição não configurariam alterações substantivas. No entanto, elas promovem uma alteração fundamental, pois pretendem sinalizar que a *sociedade* e o *trabalho* devem ser os protagonistas desta relação, dado que, historicamente,

---

[3] Na redação deste texto sociedade poderá significar a delimitação de um determinado espaço socioeconômico-político-cultural, ou sociedade civil entendida como o espaço social formado por diferentes organizações de natureza não estatal e não econômica, ou ainda movimentos sociais em contraste com o Estado e o mercado. Apesar de o termo capital significar a forma que determina a macro-organização de uma sociedade, aqui indica também os agentes econômicos (mercado) que processam a oferta e a demanda de produtos ou serviços.

[4] O autor é professor da disciplina "gestão de projetos sociais".

tem ocorrido o inverso. Tal inversão não é para restar importância ao *Estado* ou ao *capital*, mas sim enfatizar o papel da *sociedade civil* e do *trabalho* nesta interação. Quanto ao par *gestão estratégica* e *gestão social*, o primeiro atua determinado pelo mercado — portanto, é um processo de gestão que prima pela competição, no qual o outro, o concorrente, deve ser excluído e o lucro é o seu motivo. Contrariamente, a *gestão social* deve ser determinada pela solidariedade — portanto, é um processo de gestão que deve primar pela concordância, no qual o outro deve ser incluído e a solidariedade o seu motivo. Enquanto na *gestão estratégica* prevalece o monólogo — o indivíduo —, na *gestão social* deve sobressair o diálogo — o coletivo.

Ampliando a discussão a partir desses pares de palavras e utilizando o mesmo argumento das classificações anteriores, acrescentou-se outro par de palavras-categoria: *sociedade-mercado*. Este par tem a ver com os processos de interação que a sociedade civil organizada, contemporaneamente denominada *terceiro setor* (organizações não governamentais ou não econômicas, associações e movimentos sociais), desenvolve com o *segundo setor* (mercado), bem como com o *primeiro setor* (Estado), relação já apreciada no parágrafo anterior. Portanto, à semelhança dos pares *sociedade-Estado* e *trabalho-capital*, no par *sociedade-mercado*, o protagonista da relação também deve ser a *sociedade civil*. Da mesma forma que no par *sociedade-Estado*, não se está diminuindo a importância das empresas privadas em processos em que este apoie projetos de natureza social. Mas, apenas, está-se considerando o fato de que o *capital*, uma empresa, por ser de natureza econômica, tem o seu desempenho primeiro quantificado pelo lucro para, depois, vir a ser qualificado pelo que de social implemente.

A definição de *gestão social*, portanto, vai estar apoiada na compreensão da inversão desses pares de palavras, bem como do conceito de *cidadania deliberativa*, que, como já foi observado, é a categoria intermediadora da relação entre os pares de palavras. Os fundamentos do conceito de *cidadania deliberativa* estarão apoiados no pensamento de Jürgen Habermas,[5] teórico da segunda

---

[5] Devemos lembrar que a prolixidade do pensamento habermasiano constitui, muitas vezes, dificuldade para aqueles que se aproximam, pela primeira vez, dos seus conceitos. Contudo, devemos recordar também que Habermas vem desenvolvendo seu projeto de uma teoria da sociedade desde os anos 1960 do século passado. Daí porque, muitas vezes, ele expressa suas ideias partindo do pressuposto, talvez, de que o leitor já conheça sua produção acadêmica. É o caso desta proposta de uma política procedimental, deliberativa.

geração da escola de Frankfurt. E, no caso específico deste texto, nossa atenção vai estar centrada, conceitualmente, na relação dos pares *sociedade-Estado*, *sociedade-mercado* ou em suas combinações, isto é, na possibilidade de que políticas públicas sejam concertadas, democraticamente, entre estes pares de palavras-categoria.[6]

Cidadania deliberativa

Cidadania deliberativa significa, em linhas gerais, que a legitimidade das decisões políticas deve ter origem em processos de discussão, orientados pelos princípios da inclusão, do pluralismo, da igualdade participativa, da autonomia e do bem comum. Para entendermos esta possibilidade decisória, subdividimos esta seção em outras duas: recuperamos os conceitos de *esfera pública* e *sociedade civil* para então definirmos os conceitos de *liberalismo* e *republicanismo*, essenciais para a compreensão do significado de *cidadania deliberativa*.

Esfera pública e sociedade civil

Segundo Habermas,[7]

> a esfera pública pode ser descrita como uma rede adequada para a comunicação de conteúdos, tomada de posição e opiniões; nela os fluxos comunicacionais são filtrados e sintetizados a ponto de se condensarem em opiniões públicas enfeixadas em temas específicos.

---

[6] "O velho conflito entre estatismo e privatismo, planificação e mercado está morrendo. Está em vias de ser substituído por um novo conflito entre versões institucionalizadas alternativas do pluralismo político e econômico. A premissa desse debate emergente é que democracias representativas, economias de mercado e sociedades civis livres podem assumir formas jurídico--institucionais muito diferentes daquelas que vieram a predominar nas democracias industriais ricas. De acordo com essa crença, as variações existentes entre as instituições do Estado e da economia dessas democracias representam um subconjunto de um espectro muito mais amplo de possibilidades institucionais não aproveitadas" (Unger, 2004: 17). Embora o Brasil não esteja ainda classificado como um país industrialmente rico, acreditamos que esta possibilidade poderá ser alcançada quando seu processo de desenvolvimento se der pela convergência de interesses entre a sociedade civil, o Estado e o mercado. Como diz Roberto Mangabeira Unger (2004), é necessário o "experimentalismo democrático" no avanço das sociedades.

[7] Habermas, 1997:92, v. 2.

O conceito de *esfera pública* pressupõe igualdade de direitos individuais (sociais, políticos e civis) e discussão, sem violência ou qualquer outro tipo de coação, de problemas por meio da autoridade negociada entre os participantes do debate. Portanto, a *esfera pública* é o espaço intersubjetivo, comunicativo, no qual as pessoas tematizam as suas inquietações por meio do entendimento mútuo.

A *esfera pública* constitui, essencialmente, uma estrutura comunicacional da ação orientada pelo entendimento e está relacionada com o espaço social gerado no agir comunicativo. Quando existe liberdade comunicativa, estamos na presença de um espaço público constituído por intermédio da linguagem. Logo, as estruturas comunicativas da *esfera pública* devem ser mantidas operacionais por uma sociedade de pessoas ativas e democráticas. Diferente de um processo centralizador, tecnoburocrático, elaborado desde o gabinete, no qual o conhecimento técnico é o principal argumento da decisão, de uma perspectiva descentralizadora, de concepção dialógica, a *esfera pública* deve identificar, compreender, questionar e propor as soluções dos problemas da sociedade, a ponto de estas serem assumidas como políticas públicas pelo contexto parlamentar e executados pelo aparato administrativo de governo.

Já a recuperação do conceito de *sociedade civil* por Habermas baseia-se no fato de seu núcleo estar centrado num conjunto de instituições de caráter não econômico e não estatal, que se caracterizam por "ancorar as estruturas de comunicação da esfera pública nos componentes sociais do mundo da vida".[8] A *sociedade civil* é, assim, apontada como um setor relevante na construção da *esfera pública* democrática, na medida em que está apoiada no mundo da vida[9] e, portanto, tem maior proximidade com os problemas e demandas do cidadão, bem como um menor grau de influência pela lógica instrumental.

---

[8] Habermas, 1997:99, v. 2.

[9] O mundo da vida é o espaço da razão comunicativa. É constituído pela cultura, sociedade e personalidade e se expressa pela busca do consenso entre os indivíduos, por intermédio do diálogo. O mundo da vida contrapõe-se ao mundo dos sistemas onde predomina a razão instrumental, razão que se expressa em mecanismos funcionais, construídos em torno do poder e do dinheiro e que coordenam as ações humanas garantindo a reprodução do mundo material; é o espaço do trabalho, da técnica, da economia, da administração etc.

Logo, de modo geral,

> a sociedade civil compõe-se de movimentos, organizações e associações, os quais captam os ecos dos problemas sociais que ressoam nas esferas privadas, condensam-nos e os transmitem, a seguir, para a esfera pública política. O núcleo da sociedade civil forma uma espécie de associação que institucionaliza os discursos capazes de solucionar problemas, transformando-os em questões de interesse geral no quadro de esferas públicas.[10]

Assim, os conceitos de *esfera pública* e *sociedade civil* são complementares na medida em que o primeiro envolve os interesses de pessoas, tornando-os públicos em determinados espaços sociais da segunda (associações, ONGs e movimentos sociais). Concretamente, as pessoas buscam institucionalizar, por meio de movimentos e organizações da *sociedade civil*, objetivos que proporcionem legitimidade às suas pretensões. Com efeito, a *sociedade civil*,

> apesar de sua posição assimétrica em relação às possibilidades de intervenção e apesar das limitadas capacidades de elaboração, tem a chance de mobilizar um saber alternativo e de preparar traduções próprias, apoiando-se em avaliações técnicas especializadas. O fato de o público ser composto de leigos e de a comunicação pública se dar numa linguagem compreensível a todos não significa necessariamente um obscurecimento das questões essenciais ou das razões que levam a uma decisão. Porém a tecnocracia pode tomar isso como pretexto para enfraquecer a autonomia da esfera pública, uma vez que as iniciativas da sociedade civil não conseguem fornecer um saber especializado suficiente para regular as questões discutidas publicamente, nem traduções adequadas.[11]

Na tentativa de tornar mais compreensível o conceito habermasiano de *esfera pública*, ampliamos o conteúdo desta categoria por meio das seguintes considerações: a *esfera pública* seria aquele espaço social onde ocorreria a interação dialógica entre a *sociedade civil* e o *Estado* decidindo sobre políticas públicas; e, acreditando serem possíveis processos de parceria entre o *primeiro, segundo* e *terceiro setores*, incorporamos o *mercado* (*segundo setor*) também

---

[10] Habermas, 1997:99, v. 2.
[11] Ibid., p. 106, v. 2.

como possibilidade de participar da *esfera pública*. Na realidade, o que fizemos foi reconstruir o conceito de *esfera pública* na medida em que o interpretamos como o espaço possível de comunicação e de deliberação entre *sociedade civil, Estado* e *mercado*. Assim, por exemplo, quando de uma decisão sobre determinada política pública ou que afete dada comunidade ou território, as relações entre o *primeiro* e o *segundo setor*, ou entre os três *setores* simultaneamente, configurariam uma administração pública ampliada, isto é, uma *gestão social*, na qual os protagonistas seriam todos os participantes do processo decisório.[12]

Liberalismo e republicanismo[13]

De acordo com a *perspectiva liberal*, o processo democrático tem como objetivo orientar o governo no interesse da sociedade. Nesse caso, o governo é representado pela administração pública e a "sociedade como uma rede de interações entre particulares estruturada à semelhança do mercado. Aqui, a política (...) tem a função de unir e motivar os interesses privados contra um aparato governamental especializado no uso administrativo do poder político para fins coletivos". Por sua vez, na *perspectiva republicana*, "a política implica mais que [atuar como] função mediadora. (...) 'A política' é concebida como a forma reflexiva da vida ética substantiva, (...), como o meio pelo qual os membros de comunidades, mais ou menos integradas, se tornam conscientes de sua mútua dependência". Os interesses individuais são substituídos pela "*solidariedade* e a orientação em direção ao bem comum, aparecem como uma *terceira fonte* de integração social" (Habermas, 2004:198).[14]

---

[12] Esta perspectiva de reinterpretação do pensamento de Habermas é apoiada em Goetz Ottman, que diz (aqui faremos uma síntese das suas observações): os "comentadores contemporâneos tendem a enfatizar o potencial emancipatório de uma esfera pública baseada na sociedade civil (...); tendem a des-historicizar a esfera pública de Habermas ao reconstruí-la em torno do cerne de sua teoria da ação comunicativa (...); [tendem a apresentar] uma esfera pública baseada na sociedade civil, autorregulada, crítica e horizontalmente interconectada (...); [e] estendem o conceito para a administração pública ou mesmo para o ciberespaço". Portanto, esfera pública "tornou-se um conceito extremamente flexível, aberto, adaptável e com conotações anti-hegemônicas" (Ottman, 2004:64).

[13] Não confundir republicanismo, forma de governo, com a prática conservadora do Partido Republicano nos EUA, como explicam Tom Bottomore e William Outhwaite (1996:661): "o nome do moderno Partido Republicano nos Estados Unidos é enganoso".

[14] Itálicos de Jürgen Habermas.

[O] republicanismo é compatível com o socialismo democrático (...), mas é mais bem entendido por contraste com o governo de liberalismo que vê o Estado como garantia dos direitos do indivíduo a levar uma vida privada protegida por salvaguardas jurídicas tanto do próprio Estado quanto de terceiros. O espírito republicano diz que essas leis devem ser feitas e mudadas por cidadãos ativos trabalhando em harmonia; o preço da liberdade não é simplesmente a eterna vigilância, mas também a perpétua atividade cívica. Entre o Estado e o indivíduo existe o criativo tumulto da sociedade civil.[15]

A *cidadania deliberativa* situa-se no seio do debate entre liberais e republicanos: os primeiros priorizando os compromissos e a liberdade individual para negociar; os segundos, o que é melhor para o próprio grupo ou comunidade. Procurando retirar o que de melhor existe nos dois conceitos, a alternativa deliberativa toma como prioritário o consenso válido, garantido nos pressupostos comunicativos. Assim, Habermas (1997:21, v. 2) afirma que "a teoria do [diálogo], que atribui ao processo democrático maiores conotações normativas do que o modelo liberal, as quais, no entanto, são mais fracas do que as do modelo republicano, assume elementos de ambas as partes, compondo-os de modo novo".

Habermas pretende reconciliar democracia e direitos individuais de tal forma que nenhum se subordine ao outro. O sistema de direitos não pode ser reduzido nem a uma perspectiva moral dos direitos humanos (*liberalismo*), nem a uma perspectiva ética da soberania popular (*republicanismo*), porque a autonomia privada dos cidadãos não deve ser posta nem acima nem abaixo de sua autonomia política. A autodeterminação deliberativa só pode se desenvolver a partir da cooperação de organizações parlamentares, com opiniões nascidas nos círculos informais da comunicação política. O conceito de *cidadania deliberativa* faz jus à multiplicidade das formas de comunicação, dos argumentos e das institucionalizações do direito através de processos. A *cidadania deliberativa* une os cidadãos em torno de um autoentendimento ético. O âmago da *cidadania deliberativa* consiste precisamente numa rede de debates e de negociações, a qual deve possibilitar a solução racional de questões pragmáticas, éticas e morais.

---

[15] Bottomore e Outhwaite, 1996:662.

O conceito de *esfera pública* habermasiano vai além do *modelo liberal*, na medida em que prevê o estabelecimento de estruturas comunicativas voltadas à discussão e à busca de entendimentos de caráter coletivo, sobressaindo o papel e a atuação dos atores da *sociedade civil*. Na perspectiva *republicana* a *cidadania deliberativa* foca o processo político da formação da opinião e da vontade, valorizando, ainda, a constituição do Estado democrático de direito, que em seus princípios é uma resposta coerente à pergunta acerca do modo de institucionalização das formas pretendidas de comunicação de uma formação democrática da opinião e da vontade. O conceito republicano da política refere-se, assim, à prática de autodeterminação de cidadãos orientados pelo bem comum, enquanto membros livres de uma comunidade cooperadora. Ainda de acordo com a visão republicana, a *esfera pública* e a *sociedade civil* devem conferir autonomia e capacidade de integração à prática de entendimento dos cidadãos.

O modelo de democracia que Habermas propõe é o da *cidadania deliberativa* procedimental, baseado na correlação entre direitos humanos e soberania popular e consequente reinterpretação da autonomia nos moldes da teoria do diálogo. A *cidadania deliberativa* consiste, assim, em levar em consideração a pluralidade de formas de comunicação (morais, éticas, pragmáticas e de negociação), todas elas modos de deliberação. O marco que possibilita essas formas de comunicação é a Justiça, entendida como a garantia processual da participação em igualdade de condições. Assim Habermas procura a formação da opinião e da vontade comum não só pelo caminho do autoentendimento ético, mas também por ajuste de interesses e por justificação moral.

Sob a *cidadania deliberativa*, tanto formas de deliberação dialógicas quanto instrumentais são institucionalizadas e válidas (legítimas) na formação da opinião e da vontade política. Transferem-se as condições de virtude do cidadão para a institucionalização de formas de comunicação em que possam ser feitos diálogos éticos, morais, pragmáticos e de negociação. Ela tem como base, portanto, as condições de comunicação, que permitem pressupor que decisões racionais podem ser tomadas no processo político. Assim:

> [1] Na perspectiva liberal, o processo político de opinião e formação de vontade na esfera pública e no parlamento é determinado pela competição de grupos que atuam estrategicamente para manter e adquirir posições de poder. O êxito se mede pela aprovação cidadã, quantificada em votos (...). Suas decisões, ao votar, têm a mesma estrutura dos atos de eleição realizados por quem participa do mercado. Estas eleições autorizam

certos exercícios do poder, do mesmo modo que ocorrem na política, onde os partidos políticos brigam por conseguir uma autorização para atuar [através da ação estratégica].[16] O meio da ação estratégica é a negociação e não a argumentação, seus instrumentos de persuasão não são direitos e razões, mas sim ofertas condicionais no sentido de prestar determinados serviços e abster-se de determinadas coisas. Já venha formalmente encarnado em um voto ou em um contrato, ou informalmente executado em condutas sociais, um resultado estratégico não representa um juízo coletivo de razão, mas sim um vetor de soma em um campo de forças.[17]

[2] Na perspectiva republicana, o processo de opinião e formação da vontade política, que tem lugar na esfera pública e no parlamento, não obedece à estrutura dos processos de mercado, mas sim a estruturas de comunicação pública orientada à compreensão mútua. Para a política, no sentido de uma prática de autolegislação cívica, o paradigma não é o mercado, mas sim o diálogo. Esta concepção dialógica pensa a política como uma discussão sobre questões de valor, e não simplesmente sobre questões de preferências.[18]

[Pensa a política como uma ação comunicativa] como um processo de razão, e não somente de vontade, de persuasão e (...) de poder (...), se refere [a uma atitude] de cooperação social, isto é, uma atitude que consiste na abertura a se deixar persuadir por razões relativas aos direitos dos outros ao igual que aos seus direitos.[19]

Por meio da sua teoria do diálogo, de uma ação social com relação ao entendimento, da *esfera pública*, Habermas procura integrar a perspectiva *liberal* à *republicana* com o objetivo de substanciar um procedimento deliberativo de tomada de decisões. Procedimento que estimule uma cultura política de liberdade, de socialização política esclarecedora, de iniciativas formadoras da opinião pública originadas na *sociedade civil*. Ação, portanto, não dependente dos sistemas político (*Estado*) e econômico (*mercado*), que devem ser vistos como sistemas de ação entre outros sistemas de ação. Desse modo:

---

[16] Habermas, 2004:200.
[17] Id., 1998:346.
[18] Id., 2004:201.
[19] Id., 1998:347.

[1] Este procedimento democrático estabelece uma conexão interna entre as considerações pragmáticas, os compromissos, os discursos de autoentendimento e os discursos relativos à justiça e fundamenta a presunção de que, sob as condições de um suficiente aporte de informação relativa aos problemas tratados e de uma elaboração dessa informação ajustada à realidade desses problemas, se consigam resultados racionais (...). Conforme esta concepção, a razão prática se retrai dos direitos humanos universais, nos quais insiste o liberalismo, ou da eticidade concreta de uma comunidade determinada, na qual insiste o republicanismo, para assentar-se nessas regras de [diálogo] e formas de argumentação que têm o seu conteúdo normativo fundado na validade da ação orientada ao entendimento e, em última instância, da estrutura da comunicação linguística e da ordem não substituível que representa a socialização e [as ações sociais] comunicativas.[20]

[2] A teoria do [diálogo] conta com a *intersubjetividade de ordem superior*[21] que representa os processos de entendimento que se efetuam através dos procedimentos democráticos ou na rede de comunicação dos espaços públicos políticos. Estas comunicações, não atribuíveis a nenhum sujeito global, que se produzem dentro e fora do complexo parlamentário [do aparato administrativo do Estado], constituem âmbitos públicos nos quais podem ter lugar uma formação mais ou menos racional da opinião e da vontade acerca de matérias relevantes para a sociedade (...) e necessitadas de regulação. (...) Como no modelo liberal, são respeitados os limites entre "Estado" e "sociedade". Porém, aqui, a sociedade civil, enquanto base social dos espaços públicos autônomos, se distingue tanto do sistema econômico como da Administração pública. Desta compreensão de democracia, segue-se a exigência normativa do deslocamento do centro de gravidade na relação desses três recursos, isto é, o dinheiro, o poder administrativo e a solidariedade (...) [A] força sociointegradora que representa a solidariedade (...) deve desenvolver-se através de espaços públicos autônomos (...) diversos e de procedimentos de formação democrática da opinião e da vontade, institucionalizadas em termos de Estado de direito; e através do meio que representa o direito, [a solidariedade] deve afirmar-se também contra os outros mecanismos de integração da sociedade, ou seja, o dinheiro e o poder administrativo.[22]

---

[20] Habermas, 1998:372.
[21] Grifo de Habermas.
[22] Habermas, 1998:375.

Portanto, a *cidadania deliberativa* habermasiana constitui uma nova forma de articulação que questiona a prerrogativa unilateral de ação política do poder administrativo — do *Estado* e/ou do dinheiro — o *mercado*. A perspectiva é que a *cidadania deliberativa* contribua, por intermédio da *esfera pública*, para que se escape das "barreiras de classe", para que se liberte das "cadeias milenárias" da estratificação e exploração social e para que se desenvolva plenamente "o potencial de um pluralismo cultural" atuante "conforme a sua própria lógica", potencial que, "sem dúvida alguma, é tão rico em conflitos e gerador de significado e sentido.[23] Desse modo, o procedimento da prática da *cidadania deliberativa* na *esfera pública* é a *participação*.

Apesar de o significado de participação estar implícito no conceito de *cidadania deliberativa*, definição ancorada nas de *esfera pública* e *sociedade civil*, bem como na convergência das concepções de *liberalismo* e *republicanismo*, mais uma vez ampliamos, por meio do conceito de *participação*, o pensamento habermasiano, desejando, com isso, enfatizar o caráter essencialmente intersubjetivo, dialógico, do conceito de *gestão social*.

Participação

Participação, segundo Pedro Demo, é um processo em constante vir-a-ser, que, em sua essência, trata da autopromoção e de uma conquista processual. "Não existe participação suficiente, nem acabada. Participação que se imagina completa, nisto mesmo começa a regredir."[24] Desta forma, a *participação* não deve ser vista como uma concessão do *poder público*, do *Estado*:

> Participação é um processo de conquista, não somente na ótica da comunidade ou dos interessados, mas também do técnico, do professor, do pesquisador, do intelectual. Todas estas figuras pertencem ao lado privilegiado da sociedade, ainda que nem sempre ao mais privilegiado. Tendencialmente buscam manter e aumentar seus privilégios. Se o processo de participação for coerente e consistente, atingirá tais privilégios, pelo menos no sentido de que a distância entre tais figuras e os pobres deverá diminuir.[25]

---

[23] Habermas, 1988:385.
[24] Demo, 1993:18.
[25] Ibid., p. 21.

(Re)visitando o Conceito de Gestão Social

Para Tenório e Rozemberg, a *participação* integra o cotidiano de todos os indivíduos, dado que atuamos sob relações sociais. Por desejo próprio ou não, somos, ao longo da vida, levados a participar de grupos e atividades. Esse ato nos revela a necessidade que temos de nos associar para buscar objetivos, que seriam de difícil consecução ou mesmo inatingíveis se procurássemos alcançá-los individualmente. Assim, a *cidadania* e a *participação* referem-se à apropriação, pelos indivíduos, do direito de construção democrática do seu próprio destino:

> Sua concretização [destino] passa pela organização coletiva dos participantes, possibilitando desde a abertura de espaços de discussão dentro e fora dos limites da comunidade até a definição de prioridades, a elaboração de estratégias de ação e o estabelecimento de canais de diálogo com o poder público.[26]

Entretanto, a relação entre os participantes de uma discussão, de forma geral, é muito afetada pelo grau de escolaridade de seus membros: os que detêm maior "conhecimento" acabam estabelecendo uma relação de poder sobre os demais. Tenório (1990) afirma que qualquer que seja a relação social haverá duas possibilidades no uso do conhecimento: a direção, apontando o que é certo e o que é errado, e a discussão dos saberes.

> Assim numa relação social que se pretenda participativa, os conhecimentos devem ser convergentes. O saber de quem estudou deve ser usado como apoio às discussões, mas não como orientador primeiro na decisão. Numa relação coletiva o poder se dilui entre os participantes, já que o conhecimento e as informações são compartilhados, não existindo "donos da verdade".[27]

Dessa forma, os conhecimentos, mesmo que diferentes, devem ser integrados. Tenório destaca ainda que se uma pessoa é capaz de pensar sua experiência, ela é capaz de produzir conhecimento: "(...) participar é repensar o seu saber em confronto com outros saberes. Participar é fazer 'com' e não 'para', (...) é uma prática social".[28]

---

[26] Tenório e Rozemberg, 1997:103.
[27] Tenório, 1990:163.
[28] Id.

A participação que se espera, segundo Tenório e Rozemberg (1997), deve obedecer aos seguintes pressupostos:

☐ consciência sobre atos — uma participação consciente é aquela em que o envolvido possui compreensão sobre o processo que está vivenciando, do contrário, é restrita;

☐ forma de assegurá-la — a participação não pode ser forçada nem aceita como esmola, não podendo ser, assim, uma mera concessão;

☐ voluntariedade — o envolvimento deve ocorrer pelo interesse do indivíduo, sem coação ou imposição.

Por sua vez, Bordenave diz existirem dois processos de participação: o micro e o macro. A instância de participação micro envolve grupos primários, tais como a família, os amigos e os vizinhos, pois este tipo de participação se dá a partir de dois ou mais indivíduos que compartilham objetivos e/ou interesses comuns. Este processo é extremamente importante, pois seu aprendizado pode ser considerado como um pré-requisito para a participação em nível macro, visto que a participação neste nível ocorre a partir de grupos secundários (empresas, clubes, associações etc.) e terciários (em movimentos de classe, partidos políticos etc.). Tal forma de participação tem como essência a contribuição para a sociedade como um todo, visto que interfere diretamente na dinâmica da história. A participação social se dá quando permite que as diferentes camadas sociais façam parte dos movimentos históricos nos aspectos políticos, econômicos, sociais e culturais, permitindo que todos construam, gerenciem e façam parte do processo. O objetivo é incluir qualquer pessoa, grupo ou setor marginalizado no processo de participação em âmbito micro e/ou macro. Até para que possam reivindicar, as pessoas já devem estar envolvidas em algum tipo de processo participatório, mostrando-se sensibilizadas, engajadas, compartilhando os mesmos tipos de interesses e objetivos (Bordenave, 1994).

Bordenave aponta ainda que a participação pode ser entendida de várias maneiras: a *participação de fato* se dá em instância básica na família, na religião, na recreação e na luta contra os inimigos. Em outro nível seria a *participação espontânea*, que pode ser classificada como aquela que ocorre em grupos informais e instáveis dotados/representados por relações superficiais. Existem, também, modos de *participação imposta*, em que as pessoas são obrigadas a fazer parte de grupos e participar de determinadas atividades. O voto, no Brasil, é um modo de participação imposto. Contrapondo, a *participação voluntária* se dá por intermédio de um grupo que cria suas próprias normas, maneiras de atuação e objetivos. As sociedades comerciais, associações e cooperativas enquadram-se nesse tipo de participação, que tem como essência a iniciativa e a atuação das pessoas envolvidas. Ela não pode ser confundida com uma participação na qual há indivíduos que, aparentemente, incitam e conduzem o grupo a atingir seus próprios interesses (o que caracteriza uma manipulação). Existe também a *participação concedida*, adotada por algumas organizações que concedem aos trabalhadores a participação nos lucros das empresas (Bordenave, 1994).

Clève (segundo Scheir, 2002) classifica a *participação* em três modalidades, de acordo com a atividade exercida pelo cidadão no gozo desse direito:

☐ o cidadão como eleitor, pois é através do voto que a população faz o controle direto sobre o poder público;

☐ o cidadão como agente de poder — nesta categoria se inserem todos os cidadãos que ingressam como servidores do poder público via concurso ou apenas nomeação no caso de comissão ou contrato por tempo determinado;

☐ o cidadão como colaborador na gestão de interesses públicos — esta modalidade, que se aproxima do conceito de *cidadania deliberativa*, seria a da participação popular, desde os mutirões em casos de catástrofes e calamidades os conselhos ou colegiados de órgãos públicos de interesse público.

Existe uma dificuldade de manter, de forma contínua e sistemática, elevados níveis de participação da sociedade nas diretrizes das políticas a ser adotadas em uma determinada região. Os movimentos sociais tendem a ser mais presentes apenas em períodos limitados, quando uma ameaça externa catalisa a união dos diversos segmentos afetados, ou quando há demandas específicas e localizadas a serem atendidas (Santos, segundo Soares e Gondim, 2002). Assim, para uma participação no sentido de partilha de poder, envolvendo a formulação e a implementação de políticas públicas, torna-se importante encontrar mecanismos capazes de institucionalizar os processos participativos. Neste sentido, no Brasil, a participação da sociedade com o poder público, na formulação e implementação de políticas públicas, só veio a ser viabilizada por causa do processo de democratização do país, que permitiu a condução aos governos municipais de políticos comprometidos com os movimentos sociais (Santos, 2002).

Percebe-se, assim, que a participação tem uma estreita vinculação ao processo de descentralização, podendo contribuir não só para a democratização do poder público, mas também para o fortalecimento de uma cidadania ativa. Neste contexto, segundo Pedro Jacobi (2000: 12), é na

> década de 1980 que a participação cidadã se torna instrumento para um potencial aprofundamento da democracia. Com a supressão dos regimes autoritários que prevaleciam na região [América Latina], tem início um processo de descentralização que impulsiona mudanças na dinâmica de participação, notadamente em nível local, evidenciando a necessidade de arranjos institucionais que estimulem, desde a esfera estatal, a criação de canais de comunicação com a sociedade e permitindo que de alguma forma se amplie a esfera de engajamento dos cidadãos.

Desta forma, segundo Castro (1995) a descentralização tem três aspectos importantes:

- necessidade de se democratizarem as relações entre o Estado e a sociedade civil;
- reestruturação do Estado no sentido das relações internas nos vários níveis das estruturas de poder;
- fiscalização e acompanhamento das ações do poder público no sentido de garantir a participação societal na esfera pública por meio de mecanismos diversos que precisam ser institucionalizados, para assegurar a continuidade das ações implementadas.

Com a descentralização proporcionada pela Constituição de 1988, abriram-se espaços para uma participação popular efetiva. Segundo Caccia-Bava (1994:08), "participação popular é entendida como uma intervenção periódica, refletida e constante nas definições e nas decisões das políticas públicas". Essa forma de participação da sociedade se dá por meio dos conselhos e comissões municipais, nos quais a comunidade, via representantes, tem assento, voz e voto. Assim, de acordo com Daniel (1994:27), os conselhos ou comissões populares "podem ser concebidos enquanto órgãos da sociedade, portanto independentes do Estado, organizados com a perspectiva de buscar a ocupação de espaços de participação de uma gestão local".

Outro aspecto a ser considerado é que a possibilidade de alterar a institucionalidade pública está associada a demandas que se estruturam na sociedade, e a *esfera pública* representa a possibilidade de a sociedade influenciar as decisões públicas. Com isso, há necessidade de atualização dos princípios ético-políticos da democracia, de forma que o fortalecimento institucional no sentido de colaborar para uma participação da sociedade potencialize o fortalecimento da democracia nas demais esferas da vida social (Jacobi, 2000). Esta potencialização pode ser observada, por exemplo, na relação governo municipal-governo federal ou governo municipal-governo estadual.

> Quando a comunidade participa junto ao governo, o município adquire uma identidade mais forte, é em si mesmo um ator coletivo que está em melhores condições de negociar frente a outras instâncias do governo federal ou estadual, para obter recursos que lhe permitam atender às demandas de sua comunidade.[29]

Pedro Jacobi também irá destacar o efeito que as transformações do processo político mais amplo provocam na construção dos movimentos populares, na medida em que estes passam a ser reconhecidos como interlocutores válidos. Nesse sentido, os governos locais não mais observam os movimentos somente como adversários — pode-se dizer que há a legitimação das reivindicações dos movimentos populares e estas se inscrevem no campo dos direitos. Assim, os movimentos formam uma identidade que se concretiza a partir da construção coletiva de uma noção de direitos que, relacionada diretamente com a ampliação do espaço de cidadania, possibilita o reconhecimento público de carências. Desta forma, as transformações na dinâmica de gestão e o fortalecimento de práticas que tornam legítima a participação do cidadão estão direta ou indiretamente associados à necessidade de tornar mais eficiente a ação governamental.[30] Portanto, *desenvolvimento local com cidadania* significa que pessoas, individualmente ou por meio de grupos organizados da *sociedade civil*, bem como do empresariado local (do mercado) em interação com o *poder público* municipal (Executivo e Legislativo), decidem, sob uma *esfera pública*, o bem-estar de uma comunidade.

---

[29] Ziccardi, 1996:18.
[30] Jacobi, 2000.

Concluindo o revisitado

Podemos dizer que o conceito de *gestão social* apresentado neste capítulo ainda se aproxima do mesmo que elaboramos em 1998 quando publicamos o artigo "Gestão social: uma perspectiva conceitual",[31] no qual fazíamos a distinção entre *gestão estratégica* e *gestão social*, bem como da definição de *ação gerencial dialógica* publicada em 2000:

> *Gestão estratégica* é um tipo de ação social utilitarista, fundada no cálculo de meios e fins e implementada através da interação de duas ou mais pessoas na qual uma delas tem autoridade formal sobre a(s) outra(s). Por extensão, este tipo de ação gerencial é aquele no qual o sistema-empresa determina as suas condições de funcionamento e o Estado se impõe sobre a sociedade. É uma combinação de competência técnica com atribuição hierárquica, o que produz a substância do comportamento tecnocrático. Por comportamento tecnocrático, entendemos toda ação social implementada sob a hegemonia do poder técnico ou tecnoburocrático, que se manifesta tanto no setor público quanto no privado, fenômeno comum às sociedades contemporâneas.[32]

> *Gestão social* contrapõe-se a *gestão estratégica* à medida que tenta substituir a gestão tecnoburocrática, monológica, por um gerenciamento mais participativo, dialógico, no qual o processo decisório é exercido por meio de diferentes sujeitos sociais. E uma ação dialógica desenvolve-se segundo os pressupostos do agir comunicativo. (...) No processo de gestão social, acorde com o agir comunicativo — dialógico —, a verdade só existe se todos os participantes da ação social admitem sua validade, isto é, verdade é a promessa de consenso racional, ou a verdade não é uma relação entre o indivíduo e a sua percepção do mundo, mas sim um acordo alcançado por meio da discussão crítica, da apreciação intersubjetiva.[33]

> Sob a concepção de *ação gerencial dialógica*, a palavra-princípio *democratização* seria implementada por meio da intersubjetividade racional dos diferentes sujeitos sociais — subordinados e superiores — dentro das organizações. Essa intersubjetividade racional pressupõe

---

[31] Tenório, 1998:7-23.
[32] Ibid., p. 124.
[33] Ibid., p. 126.

que os atores, ao fazerem suas propostas, têm de apresentá-las sob bases racionais, quer dizer, nenhuma das partes — superiores e subordinados — podem impor suas pretensões de validade sem que haja um acordo alcançado *comunicativamente*, por meio do qual todos os participantes expõem os seus argumentos mediados linguisticamente em busca do entendimento.[34]

A distinção do que agora apresentamos está relacionada ao acompanhamento do pensamento de Habermas, na medida em que este pensador alemão tem dado continuidade ao seu projeto de uma teoria da sociedade. A elaboração do conceito de gestão social foi apoiada, principalmente, no livro *Teoría de la acción comunicativa: racionalidad de la acción y racionalización social* (originalmente publicado em alemão no ano de 1981).[35] Em seguida, acrescentamos à discussão o conceito de *cidadania deliberativa* que foi apresentado em 1992 (edição alemã) no livro *Direito e democracia: entre facticidade e validade*.[36] Posteriormente, Habermas continuou o processo de desenvolvimento de sua teoria social e o tema *cidadania deliberativa* aparece em vários textos, entre os quais destacamos *Derechos humanos y soberanía popular: las versiones liberal y republicana*.[37]

O acréscimo que fazemos à discussão sobre *gestão social* integrada à proposta habermasiana de uma *cidadania deliberativa* está relacionada ao significado de *participação*. Por sua vez, a necessidade de agregar aos dois conceitos anteriores o de *participação* está vinculada à ênfase que se faz primordial quando se deseja dizer que a *gestão social* deve ser praticada como um processo intersubjetivo, dialógico, onde todos têm direito a fala. E este processo deve ocorrer em um espaço social, na *esfera pública*. Esfera onde se articulam diferentes atores da *sociedade civil*, que, em interação ora com o *Estado*, ora com o *mercado*, ora os três interagindo conjuntamente, vocalizam as suas pretensões com o propósito de planejar, executar e avaliar políticas públicas ou decisões que compartilhem recursos em prol do bem comum. Assim, entendemos *gestão social* como o *processo gerencial deliberativo* que procura atender às necessidades de uma dada sociedade, região, território ou sistema social específico.

---

[34] Tenório, 2000:198.
[35] A edição com a qual trabalhamos foi a de língua espanhola (Habermas, 1987).
[36] Habermas, 1997.
[37] Ver Ovejero et al., 2004.

Finalmente, nosso (re)visitar foi para acentuar que o conceito de *gestão social* não está atrelado às especificidades de políticas públicas direcionadas a questões de carência social ou de gestão de organizações do denominado *terceiro setor*, mas é uma possibilidade de gestão democrática, na qual o imperativo categórico não é apenas o eleitor e/ou contribuinte, mas sim o cidadão deliberativo; não é só a economia de mercado, mas também a economia social; não é o cálculo utilitário, mas o consenso solidário; não é o assalariado como mercadoria, mas o trabalhador como sujeito; não é somente a produção como valor de troca, mas igualmente como valor de uso; não é tão somente a responsabilidade técnica, mas, além disso, a responsabilidade social; não é a *res privata*, mas sim a *res publica*; não é o monólogo mas, ao contrário, o diálogo.

Reiteramos o que o conceito de *gestão social* que estudamos e procuramos transmitir desde 1990 refere-se, quando relacionado a temas que envolvam o aparelho burocrático público, ao processo de tomada de decisão que ocorre em uma *esfera pública* onde interagem a *sociedade* e o *Estado* com o objetivo de promover uma administração pública ampliada. E tratando-se de políticas públicas voltadas ao desenvolvimento, o processo de implementação dessas políticas somente teria significado, na perspectiva da *gestão social*, se os usuários das políticas também participassem do processo. Desenvolvimento não significa apenas concessão, mas, também, a promoção da prática de uma *cidadania deliberativa*.

Bibliografia

BORDENAVE, Juan E. Diaz. *O que é participação*. 8. ed. São Paulo: Brasiliense, 1994.

BOTTOMORE, Tom; OUTHWAITE, William. *Dicionário do pensamento social do século XX*. Rio de Janeiro: Jorge Zahar Editor, 1996.

CACCIA-BAVA, Silvio C. Democracia e poder local. In: VILLAS-BÔAS, R. (Org.). *Participação popular nos governos locais*. São Paulo: Polis, 1994. p. 3-9.

CASTRO, Maria H. Reforma do Estado e democratização local. In: VILLAS-BÔAS, Renata; TELLES, Vera. (Orgs.). *Poder local, participação popular, construção da cidadania*. São Paulo: Fórum Nacional de Participação Popular nas Administrações Municipais, 1995. p. 11-14.

DANIEL, Celso. Gestão local e participação da sociedade civil. In: VILLAS-BÔAS, R. (Org.). *Participação popular nos governos locais*. São Paulo: Polis, 1994. p. 21-41.

DEMO, Pedro. *Participação é uma conquista:* noções da política social participativa. 2. ed. São Paulo: Cortez, 1993.

HABERMAS, Jürgen. *Teoría de la acción comunicativa:* racionalidad de la acción y racionalización social. Madrid: Taurus, 1987. 2v.

_____. *Direito e democracia:* entre facticidade e validade. Rio de Janeiro: Tempo Brasileiro, 1997. 2v.

_____. *Facticidad y validez:* sobre el derecho y el Estado democrático de derecho en términos de teoría del discurso. Madrid: Trotta, 1998.

_____. Derechos humanos y soberanía popular: las versiones liberal y republicana. In: OVEJERO, Félix; MARTÍ, José Luis; GARGARELLA, Roberto. (Coords.). *Nuevas ideas republicanas:* autogobierno y libertad. Barcelona: Paidós, 2004. p. 191-206.

JACOBI, Pedro. *Políticas sociais e ampliação da cidadania.* Rio de Janeiro: FGV, 2000.

OTTMAN, Goetz. Habermas e a esfera pública no Brasil: considerações conceituais. *Novos Estudos Cebrap,* São Paulo: Cebrap, n. 68, p. 61-72, mar. 2004.

SADER, Emir. Mercado contra democracia. *Jornal do Brasil,* Rio de Janeiro: Jornal do Brasil, 4 jul. 2004. p. A-13.

SANTOS, Boaventura de Souza. (Org.). *Democratizar a democracia: os caminhos da democracia participativa.* Rio de Janeiro: Civilização Brasileira, 2002.

SCHIER, Adriana da Costa R. *A participação popular na administração pública:* o direito de reclamação. Rio de Janeiro: Renovar, 2002.

SOARES, J. A.; GONDIM, L. Novos modelos de gestão: lições que vêm do poder local. In: SOARES, J. A.; CACCIA-BAVA, S. (Orgs.). *Os desafios da gestão municipal democrática.* São Paulo: Cortez, 1998. p. 61-96.

TENÓRIO, Fernando G. O mito da participação. *Revista de Administração Pública,* Rio de Janeiro: FGV, v. 24, n. 3, p. 162-164, maio/jul. 1990.

_____. Gestão social: uma perspectiva conceitual. *Revista de Administração Pública,* Rio de Janeiro: FGV, v. 32, n. 5, p. 7-23, set./out. 1998.

_____. *Flexibilização organizacional:* mito ou realidade? 2. ed. Rio de Janeiro: FGV, 2002.

_____; ROZEMBERG, Jacob E. Gestão pública e cidadania: metodologias participativas em ação. *Revista de Administração Pública*, Rio de Janeiro: FGV, v. 31, n. 4, p. 101-125, jul./ago. 1997.

UNGER, Roberto M. *O direito e o futuro da democracia*. São Paulo: Boitempo, 2004.

ZICCARDI, Alicia. (Coord.). *La tarea de gobernar:* gobiernos locales y demandas ciudadanas. México (DF): IIS/Unam, 1996.

CAPÍTULO 2

O método do caso no ensino de administração pública: um exercício prático

Cecília Vescovi de Aragão
Maria da Conceição de Almeida Sango

Introdução[1]

Este trabalho resultou da integração das disciplinas "gestão de programas e projetos" e "métodos e técnicas de ensino em administração",[2] a fim de fixar seus conteúdos, aprofundar conhecimentos sobre o *método do caso* — técnica também utilizada no ensino de administração — e analisar sua aplicabilidade na formação de administradores públicos comprometidos com a gestão social.

A escolha da elaboração de um caso deveu-se à intenção de propor algumas modificações nos padrões tradicionais de ensino, a fim de contribuir para a redução do hiato entre teoria e prática. Além disso, como há uma certa diminuição da produção de casos para o ensino da administração pública, um dos objetivos é incentivar sua produção e divulgação por mestrandos e pessoas que se interessem por tal campo de estudos.

O presente trabalho está assim estruturado: primeiro, apresentamos, como pano de fundo, algumas considerações sobre o ensino de administração pública. Depois, discutimos o método do caso, sua origem, objetivos, tipologia, utilização

---

[1] Agradecemos a colaboração das pessoas que gentilmente nos forneceram informações para o desenvolvimento do trabalho e a formulação do caso, especialmente à doutora Marilúcia Picanço, professora de pediatria da Universidade de Brasília e mestre pela Escola Nacional de Saúde Pública, à técnica Janete Rodrigues Salgueiro e à sra. Nilta dos Santos, ambas da Cáritas Arquidiocesana do Rio de Janeiro. Agradecemos também a prestimosa colaboração da economista Clarisse Martins pelo apoio na elaboração das tabelas e mapas e pela revisão dos dados, e ainda a Mauro Baltar Martins pela leitura do caso e pelas sugestões oferecidas. Finalmente, agradecemos aos professores Fernando Tenório e Paulo Reis Vieira pela oportunidade deste aprendizado.
[2] Disciplinas do Curso de Mestrado em Administração Pública da Ebape/FGV, ministradas, respectivamente, pelos professores Fernando Guilherme Tenório e Paulo Reis Vieira, no 2º semestre de 1994.

na formação de administradores públicos etc. e especificamos a metodologia utilizada na elaboração do Caso do Município Ebapiano. Em seguida, apresentamos o caso propriamente dito, suas possíveis aplicações e uma proposta de solução para ele.

O ensino de administração pública

Atualmente, as organizações enfrentam momentos de turbulência devido às constantes mudanças a que o mundo está sujeito. Essa situação de relativa instabilidade é inerente tanto às organizações privadas quanto às públicas. Assim, têm sido cada vez mais complexas as exigências feitas aos gerentes para que possam lidar com essas situações, caracterizadas por ambientes organizacionais complexos e instáveis.

Nossa ênfase, todavia, recai sobre as organizações públicas, que, se por um lado, sofrem com a crise, por outro, geram essas mesmas crises — pela forma com que estão estruturadas e pela formação de seus administradores. Aliemos a isso as limitações de natureza política a que estão submetidas e temos então uma crise de credibilidade do gestor público.

Um dos principais pilares de sustentação desse ponto de vista é a formação dos administradores públicos, que discutiremos neste capítulo.

Em nossa apreciação, a formação do gestor público tem sido promovida de maneira inflexível, dando origem, em consequência, a administradores com perfis rígidos e certa dificuldade de aceitar a diversidade e a criatividade.

A formação de administradores (para atuarem em organizações públicas e privadas) deve ter como objetivo central sua adaptação à realidade que se apresenta. Da formação de gerentes com pensamento rígido, devemos passar à formação de gestores públicos com pensamento estratégico e capacidade criativa.

Uma análise mais aprofundada nos levaria, de modo geral, à revisão dos programas de formação de administradores públicos e à atualização de seus conteúdos. Mas deter-nos-emos nos métodos de ensino-aprendizagem utilizados na formação de administradores.

Segundo Bernardo Kliksberg,[3] "formar hoje um administrador ou um gerente público não é treiná-lo em modelos baseados na previsibilidade, na possibilidade

---

[3] Repensando las relaciones sector público-universidad: notas para una política de cambio. *Sector Público y Universidad*. Buenos Aires: Instituto Nacional de la Administración Pública n. 2, p. 19-60, 1990. Apud Tesoro, 1992:6; tradução nossa.

de apontar deterministicamente soluções a médio e longo prazos. Deve-se prepará-lo para mover-se de forma adaptada à realidade cotidiana, criando em muitos casos soluções; para estimular esforços concertados e organizados, para somar percepções e ideias até obter visões compartilhadas a respeito do que se faz e do que deve ser feito nas organizações públicas".

O método do caso

Conceito

Um *caso* é um problema ou questão interessante que serve de ponto de partida para o ensino e a pesquisa. Cremos, porém, pertinente estabelecer a diferença entre *estudo de caso* e *método do caso*, pois são matérias suscetíveis de confusão, já que a diferença entre ambas é bastante tênue.

Segundo Robert Yin,[4] "o estudo de casos é uma forma de fazer pesquisa social empírica ao se investigar um fenômeno atual dentro de seu contexto de vida real, onde as fronteiras entre o fenômeno e o contexto não são claramente definidas e onde múltiplas fontes de evidências são usadas".

Contudo, enfatizaremos o *método do caso* — um *instrumento de ensino* que serve fundamentalmente para exercitar a dualidade teoria-prática nas diversas áreas de estudo e, na situação em concreto, na administração. O método consiste na descrição de determinada situação, que se interrompe propositadamente no momento da tomada de decisão ou de adoção de uma solução, o que possibilita trazer ao educando uma situação concreta para análise.

Origens

As origens da aplicação do *método do caso* remontam ao ensino das ciências jurídicas na Harvard Law School no final do século passado. Rapidamente esse método difundiu-se para outras áreas de estudo, como medicina, serviço social etc., e seu uso excessivo levou à saturação.

Na situação específica da administração, o *método do caso* começou a ser utilizado por volta de 1920 na Harvard Business School, a precursora da aplicação desse método em escolas de administração. E seu uso difundiu-se

---

[4] "Case study research: design and methods". Apud Campomar, 1991:96.

largamente após o término da II Guerra Mundial, com a implementação do Plano Marshall.

Foram precursoras desse método no Brasil a Escola Brasileira de Administração Pública e de Empresas (Ebape) e a Escola de Administração de Empresas de São Paulo (Eaesp), ambas da Fundação Getulio Vargas.[5]

Segundo Marília Costa e Dicléia Barroso,[6] "logo que foi instituído, o *método de casos* foi aplicado de forma exagerada e rígida. Ao longo do tempo, sua aplicação evoluiu do realismo exagerado para uma significação social", atingindo o equilíbrio.

Não tem havido, porém, grande produção de casos para utilização em cursos de administração. Segundo Marília Costa e Dicléia Barroso,[7] em pesquisa realizada junto a professores universitários, os obstáculos para a produção de casos nacionais têm sido: a "preguiça institucional", o tempo necessário para a elaboração de um caso, o alto custo dessa elaboração, a não remuneração de quem produz o caso e a dificuldade de acesso às informações das empresas.

Objetivos

O *método do caso* tem por objetivos:

☐ desenvolver a capacidade de análise e síntese do educando, bem como sua capacidade de expressão escrita e oral através de relatórios, tendo como consequência a flexibilização do raciocínio e a formulação de juízos de valor;

☐ relacionar um corpo teórico com situações reais (ou quase reais);

☐ desenvolver a capacidade de decisão do educando de acordo com a realidade que se lhe apresenta, levando em conta seus conhecimentos, experiências e motivações.

Tipologia

Estudos teóricos sobre esse método estabelecem as tipologias de casos a seguir:[8]

---

[5] Costa e Barroso, 1992:4.
[6] Ibid., grifo nosso.
[7] Ibid., p. 16.
[8] Tesoro, 1992:11-13.

Quanto ao propósito

- *Caso-problema*, que tenta fazer uma síntese para chegar à melhor solução possível de acordo com os dados apresentados, visando a desenvolver a capacidade de decidir, tomar atitudes, propor e analisar várias alternativas.
- *Caso-análise*, que desenvolve a capacidade analítica dos educandos por meio da distinção entre observação, inferência e juízo de valor, visando a detectar a relação entre variáveis.
- *Caso-ilustração*, utilizado para ilustrar situações de forma individual ou comparativa.

O caso criado e apresentado neste capítulo enquadra-se, segundo este critério, no denominado caso-problema.

Quanto à complexidade

- *Caso tipo problema*, que apresenta uma única solução — a melhor —, funcionando como um exercício mais simples para dar confiança aos educandos e levá-los a enfrentar casos mais árduos.
- *Caso tipo MIT*, que recebeu este nome pelo fato de seu uso ter sido mais difundido no Massachusetts Institute of Technology. Apresenta mais de uma solução aceitável para uma situação relativamente complexa. Normalmente as soluções constituem opções preestabelecidas e extremas (comprar ou não comprar, por exemplo).
- *Caso tipo Harvard*, que é uma descrição de determinada situação em que o diagnóstico é muito importante, permitindo ao educando identificar problemas, estabelecer opções de solução, ponderar as vantagens de cada uma, analisar a viabilidade, estabelecer relações de causa-efeito etc. Neste tipo de caso, fica clara a troca de experiências entre os participantes, que, de acordo com suas percepções, podem chegar a conclusões diferentes acerca da melhor alternativa.

Tomando por base essa tipologia, o caso aqui formulado enquadra-se nesta última alternativa.

Quanto à origem

- *Caso real*, que parte de uma situação verdadeira ocorrida.
- *Caso artificial*, que é criado, com dados fictícios, a partir dos objetivos da disciplina a ser ministrada.

O caso formulado neste capítulo, segundo essa tipologia, enquadra-se no denominado caso artificial, embora tenha sido criado a partir de dados reais modificados.

Os participantes e seus papéis

Para a aplicação do método, é de fundamental importância a interação de docentes e educandos, como participantes que são. Também é necessária a adaptação do conteúdo do caso aos objetivos da disciplina ministrada.

O docente possui valores, experiências e motivações próprias em relação ao método e ao conteúdo programático da disciplina sob sua responsabilidade. Por outro lado, também os educandos possuem experiências, traços pessoais, valores e motivações diversas, que os levam a interpretar as situações que lhes são apresentadas de maneira muito particular, valorizando alguns aspectos e desprezando outros.

Por isso, cabe ao docente captar as diferenças individuais dos educandos e fazê-las convergir para o objetivo comum — a resolução do caso. Dessa forma, o docente atua como orientador, moderador ou observador, usando o método da melhor maneira possível, de modo a desenvolver nos educandos os conhecimentos, as capacidades e as habilidades necessárias.

É importante que ele explicite aos educandos a finalidade e as particularidades do caso, orientando previamente o desenvolvimento dos trabalhos e controlando o tempo de resolução de cada fase. Deve ainda, como tarefa inerente ao ofício de professor, dirimir as dúvidas que surjam antes ou depois da execução de cada tarefa, incentivando o questionamento, desenvolvendo nos educandos um perfil analítico e orientando-os para que evitem extrair do caso informações ou questões irrelevantes ou simplistas que possam impedir o alcance dos objetivos do caso.

É interessante, na aplicação do método, que o docente fomente a discussão e a troca de opiniões, integrando as diferentes contribuições, recuperando conceitos e dando coerência e solidez conceituais à discussão e à resolução do caso. Deve ainda ter o cuidado de enfatizar os aspectos que sirvam à aprendizagem e à fixação dos conceitos que o caso traz em seu bojo.

Os educandos, por sua vez, só têm a ganhar com a aplicação do método, na medida em que assumam uma postura crítica e criativa, tirando proveito de suas experiências acumuladas, mas não perdendo de vista a necessidade de conhecer o referencial teórico apresentado pelo docente e a ser fixado pelo uso do caso.

Assim, podemos dizer que o processo de análise de um caso assume dinâmica própria em função das características do docente e dos educandos, devendo, para lograr êxito, haver a convergência dessas características para um mesmo objetivo.

Vantagens e desvantagens

Não obstante a relevância da utilização do método do caso, cabe-nos ressaltar que esta não é uma técnica de ensino exclusiva, devendo ser vista sempre como complementar. Em outras palavras: não é um fim em si mesma, e sim uma modalidade de ensino, não esgotando todas as possibilidades de aprendizagem, mas indicando um caminho a seguir.

No que diz respeito tanto à construção, quanto à resolução do caso, o método prevê a interação e a participação ativa do grupo, aguçando o espírito crítico e analítico. Propicia ao educando a oportunidade de raciocinar e analisar criticamente as situações apresentadas, além de desenvolver sua capacidade de trabalhar em equipe, contribuindo para sua formação profissional e acadêmica.

Na perspectiva de alguns estudiosos, porém, o método apresenta algumas desvantagens. Primeiro, há quem argumente que, em certas situações, a aplicação do método leva à dispersão do grupo, porque só alguns tomam a palavra enquanto outros observam, o que resulta na monopolização da discussão por um pequeno polo ativo e no desinteresse do restante do grupo. Todavia, em nossa percepção, tal situação só ocorre quando a discussão é mal orientada.

Há também quem aponte como desvantagens da aplicação do *método do caso* o fato de este prejudicar a absorção de conceitos teóricos e estimular somente a discussão e não a aprendizagem.

Um terceiro argumento para a não utilização do método é o desperdício de tempo na leitura, no entendimento e na ordenação do caso.

Acreditamos, contudo, que as razões subjacentes a essas desvantagens são outras. Quando se aponta o fator perda de tempo como desvantagem do método, cremos que se esteja fazendo menção à extensão do caso. Esse problema não ocorre quando os casos são de curta ou média extensão, o que permite que a leitura e a ordenação sejam feitas em tempo breve e na própria sala de aula. Note-se, ademais, que qualquer estudo requer tempo para a leitura e a compreensão de conceitos.

Como o caso é uma aplicação prática em sala de aula, a absorção dos conceitos teóricos dá-se, em parte, de forma inversa à habitualmente conhecida. Tem-se, *a priori*, a compreensão da realidade estudada, sendo a partir daí que o educando formula seus conceitos.

Ressalte-se, porém, que a compreensão dos conceitos deve se dar ao longo da aplicação do caso em sala de aula. É preciso ter em mente que usar só o *método do caso*, sem um referencial teórico anterior, pode fazer com que alguns conceitos se percam ou não se fixem.

Quanto ao fato de o método estimular somente a discussão e não a aprendizagem, verificou-se que ele reforça esta última, uma vez que possibilita, através da discussão, conhecer várias opiniões e tomadas de posição sobre o mesmo assunto, o que enriquece o saber que cada educando possui individualmente, na perspectiva de que a educação é um processo paulatino de absorção de conhecimento. Em suma, o método permite que o educando vivencie posturas diferentes da sua e seu exercício propicia a fixação do referencial teórico. Esta é a vantagem do método, que, por ser relativamente flexível, possibilita que a teoria seja ministrada durante a construção e a aplicação do caso.

Segundo Tesoro,[9] "a técnica de casos, quando adequadamente utilizada, constitui um inestimável instrumento, que vincula a experiência dos administradores que forneceram os dados, os conhecimentos dos encarregados de redigir o caso, as reflexões dos alunos que analisaram o caso individualmente, em grupos e em plenário, e a capacidade do docente encarregado de sua aplicação. Mas esta não é a única técnica que permite vincular a prática à teoria".

O método do caso e outras técnicas de ensino-aprendizagem

Procuramos privilegiar aqui um dos métodos de ensino-aprendizagem em administração conhecido como *método do caso*. Tal método — reconhecidamente um valioso recurso didático — é classificado como ativo, por ser de natureza participativa, superando os chamados "métodos tradicionais", caracterizados pela comunicação unidirecional do docente ao educando.

---

[9] Tesoro, 1992:9, tradução nossa.

É importante que o ensino da administração se torne mais aplicativo, utilizando metodologias mais ativas, de modo a estabelecer um estudo integrado, interdisciplinar, de matérias como "políticas públicas" e "gestão de programas e projetos", esta última e "Métodos e Técnicas de Ensino" etc. Além disso, há que se disseminar a formulação de casos que possam ser utilizados de forma adaptada às circunstâncias, sem se tornarem obsoletos; isto é, casos que estejam sempre ligados aos objetivos docentes, discentes e aos conteúdos curriculares.

Não se trata de utilizar um método exclusivo, e sim de fazer uso de vários métodos, já que todos apresentam vantagens, mas também limitações. Para ilustrar, utilizaremos a comparação criada por Bohdan Hawrylshyn e apresentada por José Luis Tesoro.[10] O estudo mostra a efetividade de técnicas de ensino-aprendizagem consideradas ativas, tais como: práticas, desempenho de papéis (dramatizações), método do caso, simulações decisórias (jogos), técnica do incidente e projetos grupais. Essas técnicas foram analisadas levando-se em consideração o desenvolvimento das seguintes capacidades:

☐ de observação;

☐ de seleção de dados pertinentes;

☐ de diagnóstico de problemas;

☐ de formulação de soluções;

☐ de adoção de soluções;

☐ de comunicação;

☐ de motivação.

Quanto à efetividade, o *método do caso* situa-se no nível mais alto no que diz respeito aos quesitos "diagnóstico de problemas" e "formulação de soluções", que constituem sua essência; no nível mais baixo no que diz respeito aos quesitos "capacidade de observação" e "seleção de dados", uma vez que tais aspectos já foram cumpridos pelo redator do caso, não mais cabendo aos educandos tais tarefas; e no grau médio quando são considerados os aspectos "adoção de soluções", "comunicação" e "motivação".

Com relação às outras técnicas consideradas no estudo, temos que, por exemplo, os jogos situam-se em alto nível quando se considera a adoção de

---

[10] Tesoro, 1992:9.

decisões; o desempenho de papéis, quando se considera a comunicação; e a técnica do incidente, quando se considera a capacidade de seleção de dados.

A utilização do método do caso na formação de administradores públicos

As considerações a seguir são válidas para o ensino da administração em geral, porém destacamos o ensino da administração pública.

A utilização do *método do caso* na formação de administradores públicos permite que esses administradores se habituem a trabalhar com diversas opções para a resolução de determinados problemas, contribuindo para deixar para trás a crença na exclusividade de decisões, na exigência de uma só maneira de fazer as coisas. Isso lhes dará maleabilidade no tratamento das questões, já que atuam em um ambiente em que existem pressões não só de natureza política como também provenientes da opinião pública. Não é possível, porém, ignorar as limitações da própria estrutura a que estão submetidos.

O método contribui ainda para desenvolver nos administradores públicos as habilidades de ouvir e se comunicar com outras pessoas, atentando para as colaborações, o que é muito importante em um contexto mutável, em que devem ser consideradas as dimensões política, econômica, social, cultural, organizacional, tecnológica etc.

Através do *método do caso*, os administradores públicos podem se aproximar da realidade, uma vez que o estudo e a formulação de casos lhes permitem visualizar uma série de aspectos interdependentes da mesma realidade. Isso significa que, ao decidirem, terão que fazer prevalecer os pontos mencionados, considerando-os como um todo, já que, priorizando um em detrimento dos demais, podem estar causando o desequilíbrio do sistema.

Para José Luis Tesoro,[11] o *método do caso* pode ser usado em três momentos na formação de administradores públicos:

- como incentivo inicial, já que apresenta dificuldades e desafios que levam os educandos a investigar e a encontrar soluções para os problemas;

- no momento da aprendizagem, sendo aplicado para que os educandos redescubram por si mesmos princípios, conceitos, modelos para discriminar os

---

[11] Tesoro, 1992:10.

fatores e variáveis que intervêm numa dada situação, a fim de que enfrentem melhor determinada realidade;

- no momento da avaliação, para que se verifique o grau em que os educandos apreenderam o conteúdo da disciplina.

Procedimentos metodológicos para a elaboração do Caso do Município Ebapiano

Para a construção do Caso do Município Ebapiano, foram seguidos alguns passos, tomando-se por base os textos de referência sobre o assunto. Primeiro, identificou-se o problema de política pública que seria objeto da formulação de um projeto, tendo sido escolhida a área social por tratar-se de um campo que, reconhecidamente, enfrenta sérias dificuldades e necessita de uma adequada formação e capacitação de gestores para atuarem em organizações governamentais e não governamentais. Constituiu também incentivo para a escolha dessa área a existência do Programa de Estudos em Gestão Social da Ebape/FGV, que está voltado para o gerenciamento de políticas na área social, tendo sido o presente trabalho elaborado em consonância com suas diretrizes.

Após a escolha do tema, e pretendendo-se criar uma ficção que permitisse às pessoas em contato com o caso uma percepção de realidade, procedeu-se à pesquisa de dados que guardassem certa proximidade com o cotidiano brasileiro, utilizando-se para tanto dados contidos em anuário estatístico do IBGE e em outras obras de referência. Vale ressaltar a dificuldade de encontrar um município cujos dados se adequassem ao pretendido. Tais dados foram tratados e analisados, transformando-se nas informações contidas no caso.

Houve também necessidade de checar os dados levantados, já que, mesmo constantes de publicações oficiais, poderiam não se adequar ao caso em construção. Assim, para garantir sua consistência, foram feitas algumas adaptações, já que a qualidade do caso dependeria da precisão das informações nele apresentadas.

À medida que se construía o caso, várias incongruências foram surgindo, sendo superadas à custa de pesquisa e análise crítica. Na formulação do Caso do Município Ebapiano, foi de grande valia a vivência e a experiência de cada um dos integrantes do grupo, além de consultas a obras e a especialistas no assunto. Sublinha-se este aspecto, pois sempre esteve em pauta o cuidado em não incorrer na sobreposição de questões que pudessem dificultar a compreensão e a solução do caso.

Na redação de casos é importante que o autor se coloque no lugar dos leitores, perguntando-se sempre o que desejariam saber. Deve também colocar-se na posição do docente, avaliando o que os alunos devem extrair da situação apresentada, levando-se em conta os objetivos da disciplina. Em nosso caso específico, éramos alunas da disciplina "gestão de programas e projetos" e futuras usuárias do caso para a elaboração de um projeto como trabalho final. Mas também éramos alunas da disciplina "métodos e técnicas de ensino em administração" e, por conseguinte, teríamos que nos colocar na posição de docentes, procurando construir um caso que bem se adequasse ao uso de nossos futuros alunos. Assim, a metodologia de formulação do caso consistiu em encontrar a melhor maneira de tirar proveito dessa via de mão dupla.

Após a redação, solicitamos a alguns de nossos colegas mestrandos que lessem e apreciassem o caso, não com o intuito de aplicá-lo, mas de colher opiniões críticas a respeito de sua formulação e apresentação.

Em seguida, dando continuidade à metodologia de ensino, utilizamos o caso na elaboração de um projeto que visa à implementação de uma política pública.

É importante fixar que a metodologia envolveu dois momentos distintos, a saber:

☐ a criação do caso;

☐ a solução do caso.

Este último ressalta a solução encontrada pelo grupo, construída a partir dos conceitos apreendidos ao longo do curso. Cabe dizer que não há solução definitiva, devendo ficar o exercício em aberto para outras soluções possíveis que, na ótica do leitor, sejam pertinentes, o que garante, inclusive, a atualidade do trabalho.

Apresentamos a seguir o Caso do Município Ebapiano, elaborado com o propósito de conciliar os conhecimentos teóricos com o exercício prático. Depois, indicamos suas possíveis aplicações, bem como a solução encontrada pelo grupo quando da utilização do instrumental da disciplina "gestão de programas e projetos".

Formulação do caso

Na tentativa de evitar coincidências com qualquer município brasileiro, denominou-se Ebapiano o município em que o caso está contextualizado, nome que provém de Ebape (Escola Brasileira de Administração Pública e de Empresas).

O Caso do Município Ebapiano

I — Situação

A Prefeitura de Ebapiano criou uma comissão de estudos para apurar as causas do aumento dos índices de morbidade e mortalidade infantis verificado no município. Tal comissão apurou que as enfermidades e mortes deviam-se à deficiência nutricional e às condições de saúde pública, e que ocorreram, fundamentalmente, no caso de crianças pertencentes a famílias que moravam na periferia urbana e a famílias de trabalhadores sem terra do município.

Cabe informar que a má nutrição, associada à falta de água potável e canalizada, à falta de fossas sépticas, ao destino inadequado dos dejetos e detritos, ao alto índice de aglomeração humana (grande número de pessoas na mesma casa, dividindo os mesmos cômodos) e à deficiente higiene pessoal e alimentar, agrava o quadro de mortalidade e morbidade infantis, manifestadas fundamentalmente por afecções perinatais, doenças diarreicas e infecções respiratórias.

A comissão apurou também que, em anos anteriores, houve tentativas de se fazer uma complementação alimentar através da distribuição de leite de soja, mas com resultados inócuos, visto que tal prática não se coadunava com os hábitos alimentares da população, sendo por ela rejeitada. Com relação à saúde pública, as campanhas de vacinação realizadas no município não foram suficientes para debelar as enfermidades oriundas da falta de saneamento básico.

A comissão, como resultado do estudo efetuado, apresentou relatório ao prefeito com as seguintes alternativas para solucionar o problema:

- cultivo de legumes e hortaliças em hortas comunitárias;
- reforço da cesta básica da população;
- conscientização da população sobre a importância e a necessidade do aleitamento materno e do acompanhamento do desenvolvimento e crescimento da criança;

- aumento da renda da população que ganha até um salário-mínimo;
- reforço da merenda escolar;
- uso de alimentação alternativa e educação das mães para um melhor aproveitamento dos produtos da região;
- distribuição de tíquete-refeição;
- prevenção sanitária (vacinação);
- reforço vitamínico (medicamentoso), a ser administrado nas crianças da faixa etária de zero a cinco anos;
- melhoria das condições de saúde pública;
- melhoria das condições de saneamento básico.

Coincidentemente, na mesma época, o governo estadual lançou o Programa Estadual de Complementação Alimentar (Peca), com o objetivo de melhorar as condições nutricionais da população. Em vista disso, o prefeito de Ebapiano solicitou a introdução do Peca no município. Para operacionalizar tais recursos, determinou que a Divisão de Programas Sociais (DPS) implementasse um projeto para combater tais problemas, selecionando, entre as alternativas apresentadas, aquela ou aquelas que melhor se adequassem à situação. Determinou ainda que o projeto fosse apresentado em 30 dias.

A meta é atingir uma população de cerca de 1.220 crianças que frequentam as escolas de 1º grau da rede pública estadual e municipal e 96 crianças que frequentam o pré-escolar, além de 500 famílias de baixa renda da periferia urbana e de trabalhadores sem terra do município. As crianças desnutridas que porventura não frequentem a rede escolar serão atendidas quando do atendimento às suas famílias. No que respeita à saúde básica, deverá ser atingida toda a população descrita.

Informações sobre o município

Ebapiano é um dos 80 municípios de um estado do Sudeste brasileiro. Situa-se na região central do estado, ocupando uma área de 440 km^2, a uma altitude de 520 m. Possui quatro distritos e densidade demográfica de 14,75 hab./km^2. Em seu relevo podem ser destacadas as serras de Trindade (820 m) e Santa Isabel (784 m). É banhado pelos rios Claro, Santa Bárbara e Boa Esperança.

De acordo com o último censo realizado no município, sua população total é de 6.490 habitantes, sendo 3.370 do sexo masculino e 3.120 do sexo feminino. O número de eleitores do município é de 4.200.

Ebapiano foi elevado à categoria de município em 1891. Suas terras, entretanto, já eram conhecidas desde a segunda metade do século XVI. Desenvolveu-se no auge da economia cafeeira por ser passagem obrigatória na região e possuir solo fértil para tal cultura. Com a libertação dos escravos e a não introdução do trabalho assalariado na região, a agricultura entrou em decadência e as terras se transformaram em pastagens. Atualmente, suas terras vêm sendo utilizadas para cultivo e pecuária.

As principais atividades econômicas do município são, portanto, a agricultura e a pecuária — sobretudo a leiteira —, que participam com 46% do PIB municipal, seguindo-se o comércio e serviços, com 42%; e a indústria, com 12%. Sua participação no PIB estadual é de 0,02% — a menor entre os municípios. Os principais produtos agrícolas são o café, cuja produção é exportada, a cana-de-açúcar, absorvida pelas usinas de açúcar e álcool do estado, e o milho, utilizado como alimentação animal. Com um rebanho bovino de 19 mil cabeças e produção de leite em torno de 9 milhões de litros/ano, o município pode ser considerado uma bacia leiteira. Todavia, menos de 3% do leite produzido é industrializado e consumido no município. Todo o restante é processado pelos grandes laticínios do estado. As atividades industriais restringem-se, basicamente, ao processamento da produção leiteira.

A receita média anual do município (receitas correntes, de capital e tributárias) é de R$ 167.777,33, correspondendo R$ 2.020,03 à arrecadação tributária. As despesas do município totalizam R$ 149.545,53.

O governo municipal tem a seguinte estrutura organizacional: Gabinete do Prefeito, Divisão de Programas Sociais (DPS), Divisão de Administração e Finanças (DAF), Divisão de Agricultura, Comércio e Indústria (Daci) e Divisão de Obras e Serviços (DOS). O responsável pela Divisão de Programas Sociais é o próprio prefeito, eleito por uma coligação de três partidos políticos. A Divisão de Administração e Finanças está sob a responsabilidade do vice--prefeito, sob a supervisão direta do prefeito. O responsável pela Divisão de Agricultura, Comércio e Indústria está ligado a outro partido político, enquanto a Divisão de Obras e Serviços está sob a responsabilidade de profissionais da área de engenharia.

A Câmara Municipal conta com nove vereadores, possuindo a seguinte composição política: seis vereadores de partidos da situação e três do partido de oposição.

A execução de algumas políticas públicas é terceirizada, estando a cargo de empresas prestadoras de serviço contratadas por licitação pública. Não estão terceirizadas as áreas de limpeza urbana, serviços de água e esgoto, saúde e educação de 1º grau.

Ebapiano conta com Vara Única da Justiça Estadual, possuindo um juiz e um promotor de Justiça, cuja atuação restringe o abuso aos direitos civis dos cidadãos.

No que diz respeito à infraestrutura, a taxa de urbanização (percentual da população urbana total) é de 38%, podendo-se acrescentar que 42% dos domicílios são servidos por rede urbana de abastecimento de água, 38% são atendidos pela rede pública de esgotamento sanitário e 71% são servidos por rede de iluminação pública.

Duas rodovias federais cortam o município, que possui ainda uma agência e um posto dos Correios, três bibliotecas, um museu, uma associação desportiva e dois hotéis.

No último censo, apurou-se que foi de 84 o total anual de nascidos vivos e de 63 o total anual de óbitos registrados no município, dos quais sete foram óbitos fetais e 38, óbitos decorrentes de deficiência nutricional em menores de cinco anos (13 por doenças diarreicas e parasitárias, 15 por afecções originadas no período perinatal e 10 por infecções respiratórias). O restante dos óbitos deveu-se a causas variadas e ocorreu em diversas faixas etárias.

Quanto à educação, a taxa de alfabetização apurada no último censo foi de 70,6%, possuindo o município um estabelecimento de ensino pré-escolar (escola urbana estadual) e 15 estabelecimentos de ensino público de 1º grau. O número de matrículas anuais no pré-escolar foi de 96 e no 1º grau, de 1.220. Ebapiano possui quatro docentes de pré-escolar e 67 de 1º grau.

O sistema de saúde do município é formado por quatro centros de saúde estaduais e um hospital particular, este último com 38 leitos. Não há leitos nos centros de saúde estaduais, porque estes só oferecem serviços de ambulatório. No último censo foram levantados os seguintes dados acerca do atendimento ambulatorial anual infantil:

☐ menores de um ano: 588 consultas médicas e 656 atendimentos de enfermagem;

☐ 1 a 4 anos: 418 consultas médicas e 386 atendimentos de enfermagem;

☐ 5 a 11 anos: 546 consultas médicas e 306 atendimentos de enfermagem.

Com relação às gestantes, foram realizados 30 consultas médicas e 54 atendimentos de enfermagem. Não houve atendimento à puérpera.

Dados demográficos

	População			Área (km^2)	Densidade Demográfica (hab./km^2)
Total	Sexo masculino	Sexo feminino	Eleitores		
6.490	3.370	3.120	4.200	440	14,75

Nascimentos	Óbitos			
	Fetais	Menores de cinco anos	Outros	Total
84	7	38	18	63

Óbitos de menores de cinco anos

Causas	N$^\underline{o}$ de casos
Doenças diarreicas e parasitárias	13
Afecções originadas no período perinatal	15
Infecções respiratórias	10
Total	38

Infraestrutura

Serviços	População atendida (%)
Taxa de urbanização	38
Água	42
Esgoto	38
Iluminação	71

Educação	Pré-escola	1º grau
Nº de estabelecimentos	1	15
Nº de matrículas	96	1.220
Nº de docentes	4	67

Saúde	Menores de 1 ano	1 a 4 anos	5 a 11 anos	Gestantes
Consultas médicas	588	418	546	30
Atendimento de enfermagem	656	386	306	54
Total	1.244	804	852	84

II — Aplicações do caso

O Caso do Município Ebapiano foi construído com o intuito de servir de instrumento ao ensino de disciplinas como "elaboração, análise e gestão de projetos" e outras afins à área de planejamento, além de "políticas públicas", devendo ser visto na perspectiva do gestor público.

Objetiva fornecer dados aos educandos para que elaborem projetos relacionados a políticas sociais, a fim de que possam perceber uma perspectiva integradora entre um problema real de um dado município/estado e a resolução desse problema através da gestão de um programa/projeto.

Concretamente, e visando à maximização de seu uso, ressaltamos que o Caso do Município Ebapiano pode ser utilizado para introduzir em sala de aula discussões acerca da participação da comunidade na elaboração e implementação de programas e projetos, em questões relacionadas a escolhas coletivas e na elaboração dos projetos propriamente ditos.

III — Solução do caso

O Projeto Nutricional de Ebapiano, anexo a este capítulo, foi uma das soluções encontradas para o caso apresentado, não sendo a única possível, uma vez que reflete apenas a percepção das autoras acerca da implementação de políticas sociais. Seu objetivo é mostrar a utilização do instrumental oferecido pela disciplina "gestão de programas e projetos".

O projeto contempla, por um lado, a melhoria das condições nutricionais da população infantil de Ebapiano localizada nas áreas em que o problema se verificou e, por outro, a melhoria das condições de saúde preventiva dessa mesma população. Apesar de reconhecermos que a morbidade e a mortalidade infantis decorrem principalmente da falta de saneamento básico e que sua implementação no município seria a melhor forma de combater e solucionar o problema, optamos pela elaboração de um projeto mais consentâneo com os elementos que estavam ao nosso alcance, por este ser apenas um exercício acadêmico.

Conclusão

Com este trabalho, procuramos fixar a importância da utilização do *método do caso* na formação de administradores públicos, contribuindo com a formulação de um caso específico da área.

Mostramos também que é possível apresentar a formulação de casos como trabalho final de disciplinas — além das tradicionais resenhas ou desenvolvimentos de temas propostos pelo professor —, a fim de dar vazão ao espírito criativo dos alunos. Foi um exercício desafiante estabelecer elos entre disciplinas do curso de mestrado, para, por exemplo, dar a conhecer e exercitar técnicas e instrumentos gerenciais de programas e/ou projetos implementados pelo setor público, identificando, descrevendo e vivenciando os principais métodos e técnicas de ensino em administração pública.

Essa metodologia de ensino permite aumentar o número de casos formulados, colocando-os disponíveis para uso, o que contribui para a melhoria da formação dos administradores.

Constatamos que o uso do método do caso, ao contrário do que se prega, não leva à dispersão de ideias e sim a sua sedimentação através da fixação de conceitos teóricos. Em suma, este é um bom método para conciliar teoria e prática. Tomemos como exemplo o trabalho aqui apresentado: temos um caso formulado que foi usado para a fixação de conceitos e a elaboração de um projeto de implementação de uma política pública em gestão social.

Bibliografia

BRASIL. Divisão Nacional de Saúde Materno-Infantil. *Assistência integral à saúde da criança:* material instrucional (módulo V). Brasília, 1988.

_____. Ministério da Saúde. *Assistência integral à saúde da criança:* ações básicas. Brasília: Centro de Documentação do Ministério da Saúde, 1984.

CAMPOMAR, Marcos Cortez. Do uso de estudo de caso em pesquisas para dissertações e teses em administração. *Revista de Administração*, São Paulo: USP, v. 26, n. 3, p. 95-97, jul./set. 1991.

CASOS DE ADMINISTRAÇÃO GERAL: uma coletânea. Centro de Pesquisas e Publicações da Escola de Administração de Empresas de São Paulo. Seleção de Yolanda Ferreira Balcão e Cândido Bueno de Azevedo. Rio de Janeiro: FGV, 1968.

CENTRO DE INFORMAÇÕES E DADOS DO RIO DE JANEIRO (Cide). *Anuário Estatístico do Estado do Rio de Janeiro* — 1990/91. Rio de Janeiro, 1991. v. 7/8.

COSTA, Marília Magarão; BARROS, Dicléia. O método de casos no ensino da administração. Rio de Janeiro: Ebape/FGV, 1992. (Trabalho final da disciplina "técnicas de ensino").

CURSO SOBRE O MÉTODO DO CASO para professores universitários. São Paulo: Eaesp/FGV, 1983.

FUNDAÇÃO INSTITUTO BRASILEIRO DE GEOGRAFIA E ESTATÍSTICA. *Anuário estatístico do Brasil*. Rio de Janeiro, 1992. v. 52.

GRAHAM JR., Cole Blease; HAYS, Steven W. *Para administrar a organização pública*. Rio de Janeiro: Jorge Zahar, 1994.

GUIA socioeconômico dos municípios do estado do Rio de Janeiro. Rio de Janeiro: JB, 1993. v. 2: Interior.

IGLESIAS, Francisco. *Trajetória política do Brasil*. São Paulo: Companhia das Letras, 1993.

KLIKSBERG, Bernardo. *Formación de administradores para el sector público en América Latina*. Caracas: Centro Latinoamericano de Administración para el Desarrollo, 1979.

LUDENA, Mercy Escalante. El método de caso. Rio de Janeiro: Ebape/FGV, 1990. (Trabalho final da disciplina "técnicas de ensino".)

MARQUESINI, Ana Maria Bernardes Goffi. *O método do caso*. Rio de Janeiro: Ebape/FGV, 1976. ms.

ROUQUAYROL, Maria Zélia. *Epidemiologia & saúde*. Fortaleza: Unifor, 1983.

SANTOS, Celso Cardoso da Silva. (Org.). *Perfil estatístico de crianças e mães no Brasil:* mortalidade infantil e saúde na década de 80. Rio de Janeiro: IBGE, 1989.

TENÓRIO, Fernando Guilherme et al. *Elaboração de projetos comunitários:* uma abordagem prática. Rio de Janeiro: Marques Saraiva, 1991.

TESORO, José Luis. *Pautas para la utilización y elaboración de casos de estudio para actividades de formación en gerencia pública*. Caracas: Rigep, 1992.

WOILER, Sansão; MATHIAS, Washington Franco. *Projetos:* planejamento, elaboração, análise. São Paulo: Atlas, 1986.

Anexo

Projeto Nutricional de Ebapiano (Pronutri)

A Divisão de Programas Sociais da Prefeitura Municipal de Ebapiano apresenta à Divisão Estadual de Programas Sociais este projeto, que tem por finalidade a melhoria das condições nutricionais e de saúde preventiva da população de baixa renda que habita a periferia do município.

O município possui uma população de 6.490 habitantes, com aproximadamente 300 famílias de baixa renda.

Os principais produtos do município são café, milho, cana-de-açúcar e leite. Há um estabelecimento de ensino pré-escolar e 15 de ensino de 1º grau, quatro centros de saúde e um hospital particular.

Devido à deficiência nutricional e às precárias condições de saúde preventiva, o município Ebapiano apresentou, no último ano, em sua periferia e em famílias de baixa renda, um aumento da morbidade infantil, o que ocasionou 38 óbitos de crianças na faixa etária de zero a cinco anos. A morbimortalidade manifestou-se através de afecções perinatais, doenças diarreicas e infecções respiratórias.

A prefeitura, através da Divisão de Programas Sociais, concluiu que a solução do problema dependia da conjugação de esforços da referida divisão e da comunidade local.

Objetivos

Objetivo geral

☐ Melhorar as condições nutricionais e de saúde preventiva da população infantil de Ebapiano atingida pelos altos índices de morbidade e mortalidade.

Objetivos específicos

☐ Fornecer complementação alimentar para as famílias que tenham crianças na faixa etária de zero a cinco anos e ganhem até um salário-mínimo.

☐ Incentivar a criação de hortas comunitárias para reforço alimentar da população citada.

☐ Reforçar a merenda escolar distribuída aos alunos matriculados na rede pública estadual e municipal nas séries do pré-escolar e do 1º grau.

☐ Promover campanhas de saúde preventiva para as populações de baixa renda.

Beneficiários

População urbana pobre de áreas periféricas, população rural (não proprietários ou minifundistas) e famílias sob chefia feminina.

Justificativa

A implementação do projeto propiciará, como impacto principal, a melhoria das condições de vida da população do município nas áreas mencionadas.
   Essa melhoria terá os seguintes efeitos:

☐ desenvolvimento da consciência comunitária e política, bem como da solidariedade entre os membros da comunidade;

☐ conhecimento do melhor uso dos alimentos existentes na região, bem como o cultivo de outros que a região não produz até o momento;

☐ disseminação de tecnologias de horticultura;

☐ o aumento das áreas verdes do município, que contribuirá para a formação de uma consciência ecológica;

- proteção dos direitos da criança;
- aumento da mão de obra disponível e da produtividade dos pais, que poderão se dedicar mais à produção, visto que os filhos adoecerão menos;
- criação de valores culturais comunitários em virtude dos efeitos já relacionados.

Há viabilidade institucional para a implementação do projeto tanto no nível estadual, devido à existência do Programa Estadual de Complementação Alimentar (Peca), quanto no nível municipal, através da Divisão de Programas Sociais (DPS) e do Sistema Único de Saúde/Conselho Municipal de Saúde.

Metodologia para implantação

O projeto foi elaborado por uma equipe da Divisão de Programas Sociais da prefeitura, tendo sido referendado pela comunidade.

O projeto necessita da participação de alguns órgãos públicos e da sociedade civil, tais como: Prefeitura Municipal de Ebapiano, através de seus diversos órgãos; SUS/Conselho Municipal de Saúde; diretores de unidades de ensino; Emater; pastorais da Igreja ligadas às questões de saúde, terra e educação; juiz da comarca, representando o Juizado de Menores; representante do Ministério Público; representantes das associações de moradores dos bairros diretamente atingidos e beneficiados pelo projeto; sindicatos rurais; representante da Câmara Municipal; representantes das classes produtoras e outros movimentos associativos urbanos como Lions, Rotary, maçonaria etc.

Dada a exiguidade de tempo para entrega do projeto, a Divisão de Programas Sociais (DPS) propôs o seguinte modelo de participação da comunidade, representada pelos movimentos acima citados:

- discussão com a comunidade das alternativas apontadas pela Comissão de Estudos;
- elaboração do projeto pela DPS;
- encaminhamento do projeto à comunidade para referendo;
- execução do projeto;
- avaliação do projeto.

CRONOGRAMA GERAL
Projeto Nutricional de Ebapiano (Pronutri)
(período: 2-1 a 31-12)

Atividades	\multicolumn{12}{c}{Meses}
	J	F	M	A	M	J	J	A	S	O	N	D
Formar equipe técnica	■											
Firmar convênio com o SUS	■											
Firmar convênio com a Emater	■											
Preparar local para armazenagem dos produtos	■											
Formar equipes de distribuição dos produtos	■											
Divulgar o projeto	■											
Formar equipes de saúde para treinar a população na manutenção da saúde preventiva	■	■										
Comprar os produtos a serem distribuídos através do sistema de merenda escolar		■	■			■						
Comprar os produtos a serem distribuídos para a complementação alimentar		■	■			■						
Distribuir os produtos da merenda escolar			■	■	■	■	■	■	■	■	■	■
Distribuir os produtos da complementação alimentar			■	■	■	■	■	■	■	■	■	■
Promover treinamento da população em saúde preventiva			■	■	■							
Criar hortas comunitárias para reforço alimentar						■						
Cuidar da manutenção das hortas comunitárias							■	■	■	■	■	■
Elaborar sistema para manutenção dos objetivos do projeto							■	■	■	■	■	■
Elaborar relatórios parciais do projeto					■			■			■	
Acompanhar o projeto		■	■	■	■	■	■	■	■	■	■	
Elaborar relatório final do projeto												■

■ Tempo programado para a execução da atividade.

CRONOGRAMA PARCIAL
Projeto Nutricional de Ebapiano (Pronutri)
(período: 2-1 a 30-6)

Atividades	Responsável	Jan. 15	Fev. 15	Mar. 15	Abr. 15	Maio 15	Jun. 15
Formar equipe técnica	Chefe DPS	■					
Firmar convênio com o SUS	Equipe técnica Prefeito	■					
Firmar convênio com a Emater	Equipe técnica Prefeito	■					
Preparar local para armazenagem dos produtos	DAF	■ ■					
Formar equipes de distribuição dos produtos	Equipe técnica	■					
Divulgar o projeto	Equipe técnica	■					
Formar equipes de saúde para treinar a população	SUS		■ ■				
Comprar os produtos a serem distribuídos através do sistema de merenda escolar	DAF				■	■	■
Comprar os produtos a serem distribuídos para a complementação alimentar	DAF				■		
Distribuir os produtos da merenda escolar	DAF				■	■	■
Distribuir os produtos da complementação alimentar	DAF				■	■	■
Promover treinamento da população em saúde preventiva	SUS			■ ■			■
Criar hortas comunitárias para reforço alimentar	Daci/Emater/comunidade						■
Acompanhar o projeto	Equipe técnica	■	■	■	■	■	■

CRONOGRAMA PARCIAL
Projeto Nutricional de Ebapiano (Pronutri)
(período: 1-7 a 31-12)

Atividades	Responsável	Jul.	Ago.	Set.	Out.	Nov.	Dez.
		15	15	15	15	15	15
Comprar os produtos a serem distribuídos através do sistema de merenda escolar	DAF	■	■				
Comprar os produtos a serem distribuídos para a complementação alimentar	DAF	■	■				
Distribuir os produtos da merenda escolar	DAF		■		■	■	■
Distribuir os produtos da complementação alimentar	DAF		■		■	■	■
Cuidar da manutenção das hortas comunitárias	Daci/Emater/comunidade			■	■	■	■
Elaborar sistema para manutenção dos objetivos do projeto	Equipe técnica						
Elaborar relatórios parciais do projeto	Equipe técnica				■		
Acompanhar o projeto	Equipe técnica	■	■	■	■	■	■
Elaborar relatório final do projeto	Equipe técnica						■

■ Tempo programado para a execução da atividade.

CRONOGRAMA DIÁRIO
Projeto Nutricional de Ebapiano (Pronutri)

Atividades/Tarefas	Responsável	Janeiro 1-31
Formar equipe técnica	Chefe DPS	5-6
☐ Convocar pessoal da DPS	Chefe DPS	3
☐ Convocar pessoal das escolas	Chefe DPS	4-5
☐ Escolher gerente do projeto	Prefeito	4-5
☐ Mobilizar a sociedade civil	Gerente do projeto	5-6
Firmar convênio com o SUS	Equipe técnica	10-16
☐ Elaborar as cláusulas do convênio	Equipe técnica	10-13
☐ Revisar convênio	Equipe técnica	13-15
☐ Assinar convênio	Prefeito	15-16
Firmar convênio com a Emater	Equipe técnica	10-16
☐ Elaborar as cláusulas do convênio	Equipe técnica	10-13
☐ Revisar convênio	Equipe técnica	13-15
☐ Assinar convênio	Prefeito	15-16

Continua

Atividades/Tarefas	Responsável	Janeiro																														
		1	2	3	4	5	6	7	8	9	10	11	12	13	14	15	16	17	18	19	20	21	22	23	24	25	26	27	28	29	30	31
Preparar local para armazenagem dos produtos	DAF															■	■	■	■	■	■	■	■	■	■	■	■	■	■	■	■	■
☐ Providenciar limpeza, pintura e dedetização	DAF															■	■	■	■	■	■	■	■	■	■	■	■	■	■	■	■	■
Formar equipes de distribuição dos produtos	Equipe técnica																■	■														
Divulgar o projeto	Equipe técnica															■	■	■	■	■	■	■	■	■	■	■	■	■	■	■	■	■
☐ Preparar material de divulgação	Equipe técnica																	■	■	■	■	■	■									
☐ Divulgar o projeto	Equipe técnica																						■	■	■	■	■	■	■	■	■	■
Formar equipes de saúde para treinar a população em saúde preventiva	SUS															■	■	■	■	■	■	■	■	■	■	■	■	■	■			
☐ Convocar pessoal	SUS															■	■															
☐ Elaborar conteúdos programáticos	SUS																■															
Acompanhar o projeto	Equipe técnica													■	■	■	■	■	■	■	■	■	■	■	■	■	■	■	■	■	■	■

Continua

Atividades/Tarefas	Responsável	Fevereiro																											
		1	2	3	4	5	6	7	8	9	10	11	12	13	14	15	16	17	18	19	20	21	22	23	24	25	26	27	28
Formar equipes de saúde para treinar a população em saúde preventiva	SUS	■	■	■	■	■	■	■																					
☐ Convocar pessoal	SUS	■	■	■																									
☐ Elaborar conteúdos programáticos	SUS				■	■	■	■																					
Comprar os produtos a serem distribuídos através do sistema de merenda escolar	DAF														■	■	■	■	■	■	■	■	■	■	■	■	■	■	■
☐ Preparar edital de licitação	DAF			■	■																								
☐ Divulgar edital	DAF				■	■																							
☐ Abrir propostas	DAF					■	■																						
Comprar os produtos a serem distribuídos para a complementação alimentar	DAF																			■	■	■	■	■	■	■	■	■	■
☐ Preparar edital de licitação	DAF			■	■																								
☐ Divulgar edital	DAF				■	■																							
☐ Abrir propostas	DAF					■	■																						
Promover o treinamento da população em saúde preventiva	SUS																							■	■	■	■	■	■
Acompanhar o projeto	Equipe técnica																											■	■

Continua

Atividades/Tarefas	Responsável	Março																														
		1	2	3	4	5	6	7	8	9	10	11	12	13	14	15	16	17	18	19	20	21	22	23	24	25	26	27	28	29	30	31
Comprar os produtos a serem distribuídos através do sistema de merenda escolar	DAF																									■							
☐ Receber produtos	DAF																									■							
Comprar os produtos a serem distribuídos através do sistema de complementação alimentar	DAF																																
☐ Receber produtos	DAF																																
Promover o treinamento da população em saúde preventiva	SUS	■		■		■		■		■		■		■		■		■		■		■		■		■		■		■		■	
Acompanhar o projeto	Equipe técnica		■		■		■		■		■		■		■		■		■		■		■		■		■		■		■		■

Continua

Abril

Atividades/Tarefas	Responsável	1	2	3	4	5	6	7	8	9	10	11	12	13	14	15	16	17	18	19	20	21	22	23	24	25	26	27	28	29	30	31
Distribuir os produtos da merenda escolar	DAF	■	■	■	■	■	■	■	■	■	■																					
Distribuir os produtos da complementação alimentar	DAF	■	■	■	■	■	■	■	■	■	■	■	■	■	■	■																
Promover o treinamento da população em saúde preventiva	SUS								■	■			■	■			■	■	■	■	■	■			■	■	■	■	■	■	■	■
Elaborar relatórios parciais do projeto	Equipe técnica											■		■																		
Acompanhar o projeto	Equipe técnica	■	■	■	■	■	■	■	■	■	■	■	■	■	■	■	■	■	■	■	■	■	■	■	■	■	■	■	■	■	■	■

Maio

Atividades/Tarefas	Responsável	1	2	3	4	5	6	7	8	9	10	11	12	13	14	15	16	17	18	19	20	21	22	23	24	25	26	27	28	29	30	31
Distribuir os produtos da merenda escolar	DAF	■	■	■	■	■	■	■	■	■	■																					
Distribuir os produtos da complementação alimentar	DAF	■	■	■	■	■	■	■	■	■	■	■	■	■	■	■																
Promover o treinamento da população em saúde preventiva	SUS	■	■	■	■	■	■	■	■	■	■	■	■	■	■	■	■	■	■	■	■	■	■	■	■	■	■	■	■	■	■	■
Acompanhar o projeto	Equipe técnica	■	■	■	■	■	■	■	■	■	■	■	■	■	■	■	■	■	■	■	■	■	■	■	■	■	■	■	■	■	■	■

Continua

Atividades/Tarefas	Responsável	Junho
		1 2 3 4 5 6 7 8 9 10 11 12 13 14 15 16 17 18 19 20 21 22 23 24 25 26 27 28 29 30 31
Distribuir os produtos da merenda escolar	DAF	1–10
Distribuir os produtos da complementação alimentar	DAF	1–15
Criar hortas comunitárias para reforço alimentar	Daci/Emater/ comunidade	1–31
Elaborar relatório parcial do projeto	Equipe técnica	(não marcado)
Acompanhar o projeto	Equipe técnica	1–31

Atividades/Tarefas	Responsável	Julho
		1 2 3 4 5 6 7 8 9 10 11 12 13 14 15 16 17 18 19 20 21 22 23 24 25 26 27 28 29 30 31
Distribuir os produtos da merenda da escola	DAF	1–10
Distribuir os produtos da complementação alimentar	DAF	1–15
Cuidar da manutenção das hortas comunitárias	Daci/Emater/ comunidade	1–31
Acompanhar o projeto	Equipe técnica	1–31

Continua

Atividades/Tarefas	Responsável	Agosto 1-31
Distribuir os produtos da merenda escolar	DAF	dias 1–10
Distribuir os produtos da complementação alimentar	DAF	dias 1–15
Cuidar da manutenção das hortas comunitárias	Daci/Emater/ comunidade	dias 1–31
Elaborar sistema para manutenção dos objetivos do projeto	Equipe técnica	dias 4–7
Elaborar relatório parcial do projeto	Equipe técnica	dia 3; dias 15–17
Acompanhar o projeto	Equipe técnica	dias 1–31

Continua

Setembro

Atividades/Tarefas	Responsável	1	2	3	4	5	6	7	8	9	10	11	12	13	14	15	16	17	18	19	20	21	22	23	24	25	26	27	28	29	30	31
Distribuir os produtos da merenda escolar	DAF	■	■	■	■	■	■	■	■	■	■																					
Distribuir os produtos da complementação alimentar	DAF	■	■	■	■	■	■	■	■	■	■	■	■	■	■																	
Cuidar da manutenção das hortas comunitárias	Daci/Emater/comunidade	■	■	■	■	■	■	■	■	■	■	■	■	■	■	■	■	■	■	■	■	■	■	■	■	■	■	■	■	■	■	■
Acompanhar o projeto	Equipe técnica	■	■	■	■	■	■	■	■	■	■	■	■	■	■	■	■	■	■	■	■	■	■	■	■	■	■	■	■	■	■	■

Outubro

Atividades/Tarefas	Responsável	1	2	3	4	5	6	7	8	9	10	11	12	13	14	15	16	17	18	19	20	21	22	23	24	25	26	27	28	29	30	31
Distribuir os produtos da merenda escolar	DAF	■	■	■	■	■	■	■	■	■	■																					
Distribuir os produtos da complementação alimentar	DAF	■	■	■	■	■	■	■	■	■	■	■	■	■	■	■																
Cuidar da manutenção das hortas comunitárias	Daci/Emater/comunidade	■	■	■	■	■	■	■	■	■	■	■	■	■	■	■	■	■	■	■	■	■	■	■	■	■	■	■	■	■	■	■
Elaborar relatório parcial do projeto	Equipe técnica																									■	■	■	■	■	■	■
Acompanhar o projeto	Equipe técnica	■	■	■	■	■	■	■	■	■	■	■	■	■	■	■	■	■	■	■	■	■	■	■	■	■	■	■	■	■	■	■

Continua

Novembro

Atividades/Tarefas	Responsável	1	2	3	4	5	6	7	8	9	10	11	12	13	14	15	16	17	18	19	20	21	22	23	24	25	26	27	28	29	30	31
Distribuir os produtos da merenda escolar	DAF	■	■	■	■	■	■	■	■	■	■																					
Distribuir os produtos da complementação alimentar	DAF	■	■	■	■	■	■	■	■	■	■	■	■	■	■	■																
Cuidar da manutenção das hortas comunitárias	Daci/Emater/ comunidade	■	■	■	■	■	■	■	■	■	■	■	■	■	■	■	■	■	■	■	■	■	■	■	■	■	■	■	■	■	■	■
Acompanhar o projeto	Equipe técnica	■	■	■	■	■	■	■	■	■	■	■	■	■	■	■	■	■	■	■	■	■	■	■	■	■	■	■	■	■	■	■

Dezembro

Atividades/Tarefas	Responsável	1	2	3	4	5	6	7	8	9	10	11	12	13	14	15	16	17	18	19	20	21	22	23	24	25	26	27	28	29	30	31
Distribuir os produtos da merenda escolar	DAF	■	■	■	■	■	■	■	■	■	■																					
Distribuir os produtos da complementação alimentar	DAF	■	■	■	■	■	■	■	■	■	■	■	■	■	■	■	■															
Cuidar da manutenção das hortas comunitárias	Daci/Emater/ comunidade	■	■	■	■	■	■	■	■	■	■	■	■	■	■	■	■	■	■	■	■	■	■	■	■	■	■	■	■	■	■	■
Acompanhar o projeto	Equipe técnica	■	■	■	■	■	■	■	■	■	■	■	■	■	■	■	■	■	■	■	■	■	■	■	■	■	■	■	■	■	■	■
Elaborar relatório final do projeto	Equipe técnica														■	■	■	■	■	■	■	■	■	■	■	■	■	■	■	■	■	■

■ Tempo programado para a execução da atividade.

Gerenciamento

O órgão responsável pela execução do projeto será a Divisão de Programas Sociais (DPS), da Prefeitura Municipal de Ebapiano, com a colaboração do Sistema Único de Saúde (SUS) e da Emater, como entidades conveniadas, e dos segmentos da sociedade civil já mencionados.

O projeto tem a seguinte estrutura:

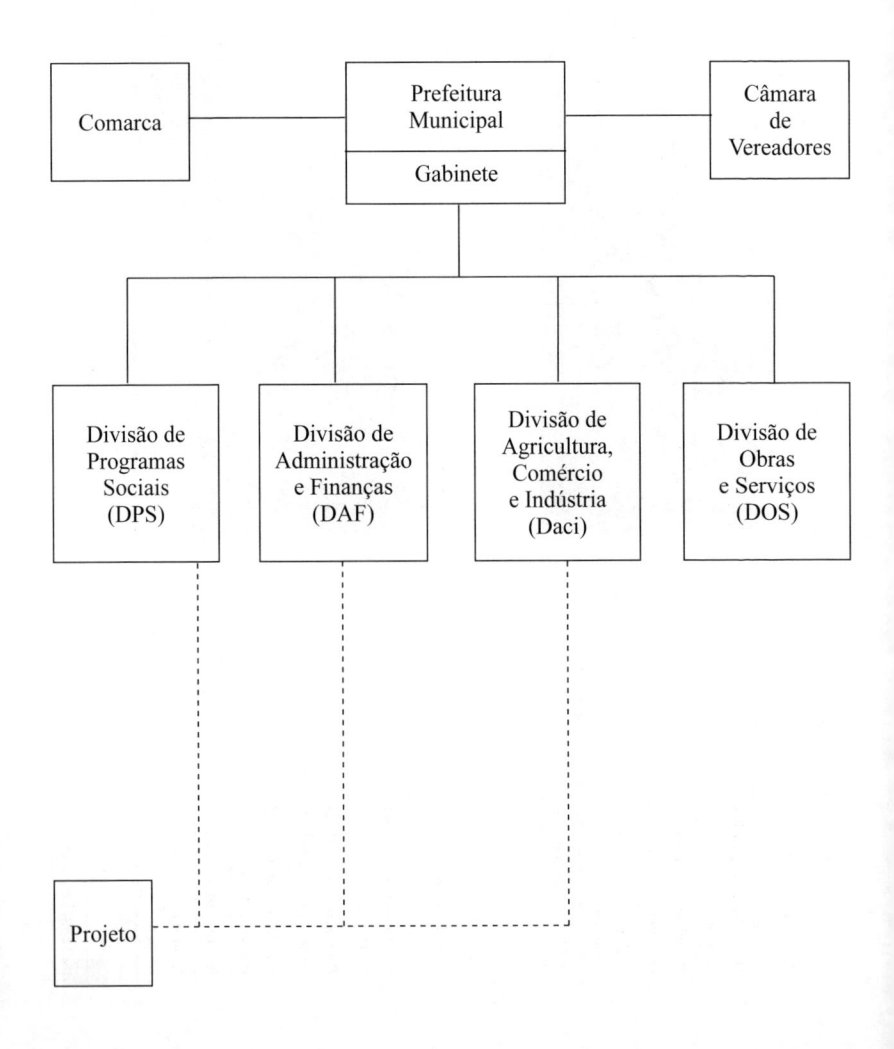

```
                    ┌─────────────┐
                    │  Prefeitura │
    ┌─────────┐     │  Municipal  │     ┌───────────┐
    │ Comarca │─────├─────────────┤─────│  Câmara   │
    └─────────┘     │   Gabinete  │     │     de    │
                    └──────┬──────┘     │ Vereadores│
                           │            └───────────┘
        ┌──────────────┬───┴────┬──────────────┐
┌───────┴──────┐┌──────┴─────┐┌─┴─────────┐┌───┴──────┐
│  Divisão de  ││ Divisão de ││ Divisão de││Divisão de│
│  Programas   ││Administração│Agricultura,││  Obras   │
│   Sociais    ││ e Finanças ││ Comércio  ││e Serviços│
│    (DPS)     ││   (DAF)    ││e Indústria││  (DOS)   │
│              ││            ││  (Daci)   ││          │
└──────┬───────┘└─────┬──────┘└─────┬─────┘└──────────┘
       ┆              ┆             ┆
┌──────┴──┐           ┆             ┆
│ Projeto │┄┄┄┄┄┄┄┄┄┄┄┴┄┄┄┄┄┄┄┄┄┄┄┄┄┘
└─────────┘
```

MATRIZ DOS ELOS INSTITUCIONAIS

Organizações	Elos institucionais									
	Funcionais					Competitivos			Difusos		
	Habilitadores	Normativos	Insumos	Consumo/ produtos/ serviços	Complementaridade	Recursos	Clientela	Antagonismo	Resistência	Apoio
Governo estadual (Peca)	■									
Prefeitura Municipal	■	■	■							
SUS/Conselho Municipal de Saúde										
Emater			■							
Câmara de Vereadores		■								
Juiz da comarca										■
População-alvo				■						■
Associações de moradores					■					■
Produtores locais			■							■
Rádio local										■
Pastorais da Igreja										■
Maçonaria										■
Lions/Rotary										■
Ação da Cidadania contra a Fome e a Miséria e pela Vida						■	■			
Escolas										
Postos de saúde				■						■
Sindicatos rurais										

MATRIZ INSTITUCIONAL MÚLTIPLA

Atividades	Agentes					
	DPS	DAF	Daci	Equipe técnica	SUS/Conselho Mun. de Saúde	Emater
Formar equipe técnica	PDE					
Firmar convênio com o SUS e a Emater				E		
Preparar local para armazenagem		E				
Formar equipes de distribuição				E		
Divulgar projeto				PE		
Formar equipes de saúde					PDRE	
Comprar produtos		PRE				
Distribuir produtos		E				
Promover treinamento em saúde preventiva					PREA	
Criar hortas comunitárias						PRE
Cuidar da manutenção de hortas comunitárias						PREA
Elaborar sistema para manutenção dos objetivos do projeto				PE		
Elaborar relatórios parciais do projeto				E		
Acompanhar o projeto				EA		
Elaborar relatório final do projeto					E	

Legenda: P — Planejamento; D — Decisão; R — Alocação de recursos; E — Execução; A — Acompanhamento.

Orçamento

Material permanente

Os recursos serão repassados diretamente pela prefeitura, que possui instalações adequadas para armazenagem de produtos não perecíveis. As hortas comunitárias serão criadas em terrenos da prefeitura.

Pessoal

Serão utilizados os recursos da prefeitura e do SUS, quais sejam: um gerente para o projeto, duas pessoas para a distribuição e o controle da verba recebida para complementação alimentar, uma pessoa para a distribuição e o controle da verba recebida para reforço da merenda escolar, um médico sanitarista, um dentista, duas enfermeiras, dois nutricionistas. Também será utilizada mão de obra voluntária da comunidade.

O gasto com as equipes de saúde será coberto pelo SUS.

O manejo das hortas será feito com o apoio técnico da Emater e mão de obra voluntária da comunidade.

Serviços de terceiros

A divulgação do projeto, comumente sob esta rubrica, será feita através da mídia e de cartazes afixados em ruas e estabelecimentos de ensino e comerciais, com o apoio dos empresários locais e movimentos religiosos.

As campanhas de saúde preventiva terão prosseguimento através de programas radiofônicos financiados pelos proprietários da rádio local.

Os produtores locais doarão parte dos produtos a serem distribuídos como merenda escolar e reforço da cesta básica.

Produtos para distribuição

O valor dos produtos a serem distribuídos corresponderá aproximadamente a 25% do valor da cesta básica por família. Arbitramos o valor da cesta básica em R$ 70,00. Serão distribuídos os seguintes produtos: arroz, feijão, fubá, açúcar, óleo alimentar, farelos de trigo e aveia, leite. Não haverá necessidade de adquirir açúcar, milho e leite, que serão doados pelos produtores do município.

A distribuição da merenda escolar seguirá esse mesmo mecanismo, utilizando-se os produtos para fazer mingaus e papas para reforço alimentar dos alunos. O valor será calculado com base no pressuposto de que um grupo de quatro crianças corresponde a uma família.

Acompanhamento

Os resultados obtidos pelo projeto serão comparados aos objetivos programados; no curto prazo, através de visitas rotineiras da equipe técnica às famílias beneficiárias, de inspeções às escolas e de contatos pessoais com os beneficiários; no longo prazo, através do acompanhamento dos índices de mortalidade infantil pelas causas que deram origem ao projeto.

Bibliografia

BRASIL. Divisão Nacional de Saúde Materno-Infantil. *Assistência integral à saúde da criança:* material institucional (módulo V). Brasília: 1988.

_____. Ministério da Saúde. *Assistência Integral à saúde:* ações básicas. Brasília: Centro de Documentação do Ministério da Saúde, 1984.

CENTRO DE INFORMAÇÕES E DADOS DO RIO DE JANEIRO (Cide). *Anuário Estatístico do Rio de Janeiro — 1990/91*. Rio de Janeiro, 1991. v. 7/8.

GUIA socioeconômico dos municípios do estado do Rio de Janeiro. Rio de Janeiro: JB, 1993. v. 2: Interior.

ROUQUAYROL, Maria Zélia. *Epidemiologia & saúde*. Fortaleza: Unifor, 1983.

SANTOS, Celso Cardoso da Silva. (Org.). *Perfil estatístico de crianças e mães no Brasil:* mortalidade infantil e saúde na década de 80. Rio de Janeiro: IBGE, 1989.

TENÓRIO, Fernando Guilherme et al. *Elaboração de projetos comunitários:* uma abordagem prática. Rio de Janeiro: Marques Saraiva, 1991.

WOILER, Sansão; MATHIAS, Washington Franco. *Projetos:* planejamento, elaboração, análise. São Paulo: Atlas, 1986.

CAPÍTULO 3

Uma experiência de integração ensino-pesquisa

Denise Carvalho
Guilherme Gomes Krueger
Jussara Luzia de Figueiredo Nunes
Mônica Godinho Ribas
Tânia Maria de Souza

Introdução

Este trabalho resultou das atividades didáticas da disciplina "gestão de programas e projetos", que objetivou exercitar técnicas de gestão de programas e projetos através da construção de casos.

As técnicas de pesquisa utilizadas na construção deste caso partiram de uma hipótese de coordenação de políticas sociais, sendo a partir daí estruturadas as atividades realizadas durante todo o trabalho teórico e prático. As informações sobre o município, suas instituições, as políticas desenvolvidas e a sistematização desses dados fazem parte da construção do caso.

Para a construção do caso, contamos com a colaboração da Prefeitura Municipal de Itanhandu, MG, que nos propiciou as condições necessárias para a realização dos objetivos propostos, pondo à nossa disposição documentos e informações, assim como autorizando a realização da pesquisa de campo no município.

Metodologia

O método do caso

A discussão acerca do papel do universo acadêmico na sociedade é tão ampla e tão pouco consensual quanto muitos de seus produtos. Mas, algumas regras comuns, como a necessidade de se adotar uma metodologia que siga princípios lógico-racionais, têm conseguido tornar produtivo o conhecimento universitário, aceito e socialmente reconhecido como válido, seja ele especializado ou científico.

Dentro da produção universitária, interessam-nos aqui, especialmente, as ciências humanas. Nesse universo, há um grupo interno mais delineado — as chamadas ciências sociais —, "que tem como traço mais próprio a visão metodológica de que seu objeto é socialmente condicionado", tornando-se incompreensível fora do contexto da inter-relação social. As ciências sociais também se subdividem, segundo Demo,[1] em *clássicas*, que têm grande ênfase teórica, e *aplicadas*, que se voltam mais para a aplicação prática de teorias sociais, como no caso da administração.

Fazer ciências humanas é produzir conhecimento sobre um objeto histórico caracterizado pela situação de "estar", não de "ser". É grande a transitoriedade, a noção de processo inacabado e inacabável, que convive com componentes funcionais que possibilitam uma harmonia relativa em cenário conflituoso.

As ciências sociais aplicadas defrontam-se com o desafio de produzir um tipo de conhecimento capaz de realizar as mediações entre o mais teórico e genérico e seu uso em questões da vida prática, no processo de organização, compreensão e intervenção da vida social.

No universo das ciências sociais, a administração talvez seja a disciplina que mais busca a prática. O *como* parece superar o *porquê* na dinâmica de suas necessidades, quando esta se depara com as dificuldades do dia a dia. Mas, no âmbito da administração, o conhecimento especializado ou científico só se justifica em seu caráter teórico-empírico; teórico, por se querer científico, e empírico, por sua preocupação com o universo humano: a organização.

Os métodos e técnicas de ensino a serem utilizados nesta área do conhecimento precisam ser adequados a esse universo referencial; precisam ser capazes de desenvolver habilidades de percepção e julgamento crítico de seu meio e instrumentos específicos, sem prejudicar ou secundarizar os aspectos mais acadêmicos. A teoria deve servir de base racional para orientar a ação. O pensamento deve estar relacionado à ação.

Optamos por construir um instrumento de ensino que considerasse as relações didáticas com o objeto, sem perder em aprofundamento teórico e em

---

[1] Demo, 1983:13-14.

exercício prático. Adotamos a pesquisa[2] como a tarefa básica da universidade. E, entre os métodos de ensino em administração, optamos por uma adaptação do *método do caso*.

Muitos confundem o método do caso com o estudo de caso. O primeiro é eminentemente uma técnica de ensino, enquanto o segundo é um método de pesquisa social empírica que investiga um fenômeno atual na vida real, sendo as fronteiras entre o fenômeno e o contexto não claramente definidas em situações em que são utilizadas múltiplas fontes de evidência. Já o método do caso consiste no uso de casos como tentativa de reproduzir a realidade para fins de ensino-aprendizagem.[3]

Em linhas gerais, o método consiste em fornecer aos alunos uma situação-problema e informações para serem discutidas na tentativa de solucionar essa situação-problema. Trata-se de utilizar um caso para fins formativos; e este caso pode consistir simplesmente no enunciado de um problema ou até na elaboração detalhada de determinada situação, chegando a seus elementos essenciais.[4]

Este não é um método novo. Suas bases se encontram em Montaigne, que, em 1560,[5] destacava a necessidade de o ensino ser um processo ativo, onde se deveria evitar a memorização para dar conta de cada situação que se apresentasse como nova experiência do conhecimento. Não se buscava a imitação, mas um exercício de análise crítica.

O método do caso chega à administração em 1908,[6] pela Business School de Harvard, e no Brasil em 1954, pela Fundação Getulio Vargas,[7] com o objetivo básico de treinamento em cursos de especialização de executivos.

O método visa a preparar o aluno em habilidades específicas de percepção da realidade, desenvolvendo sua capacidade de julgar e sua destreza para agir no mercado de trabalho. Um perigo que merece destaque é a excessiva preocupação com o trabalho futuro do aluno, em detrimento do aspecto acadêmico.

---

[2] Demo (1983) trabalha com a ideia de que a docência universitária só pode ser fruto de uma pesquisa crítica. O ensino na universidade, assim como qualquer prestação de serviços por órgãos acadêmicos, deve ser derivado de trabalhos produtivos, originais.
[3] Campomar, 1991:96.
[4] Villa, 1960:3.
[5] Torres, 1983.
[6] Ibid., p. 1.
[7] Machline, 1983:4.

Roteiro de trabalho

A pesquisa, desenvolvida em um município, enfocou o comportamento de instituições em relação às políticas sociais durante os primeiros nove meses da atual gestão municipal.

O problema foi formulado a partir de uma suposição que propiciasse as condições necessárias para o exercício de conceitos teóricos e técnicos de gestão de programas e projetos, com a finalidade de identificar as formas de interação das políticas sociais numa prefeitura real.

Para atender a esse propósito, definimos o objetivo a seguir:

Exercitar conceitos e instrumentos de elaboração e gerência de projetos, investigando a existência de processos de coordenação das políticas institucionais, por meio do estudo de um caso — município de Itanhandu, sul do estado de Minas Gerais.

E, tendo em vista este objetivo, formulamos a seguinte hipótese de trabalho: existe ou não a coordenação de políticas sociais no município de Itanhandu?

Para delimitar o trabalho, definimos como variáveis do problema quatro políticas sociais: alimentação, educação, habitação e saúde.

A coleta de dados teve início com uma pesquisa em documentos fornecidos pela disciplina e pela prefeitura municipal. Com base nesse material, elaboramos um mapeamento institucional preliminar, levantando as instituições que pudessem compor os ambientes operacional e externo das políticas sociais analisadas. A adaptação e a sistematização desses dados foram feitas com instrumentos fornecidos pela disciplina "gerência de programas e projetos".

Utilizamos matrizes institucionais, com o objetivo de identificar o desenvolvimento dos processos de integração institucional em determinadas situações-problema.

Na primeira matriz — Matriz Institucional Múltipla[8] —, procuramos identificar as funções de cada instituição, focalizando as organizações que compunham o ambiente interno da política. Como nesse tipo de matriz as organizações podem exercer mais de uma atividade, selecionamos indicadores de funções administrativas para a viabilização da política.

---

[8] Ver anexo 1.

A segunda matriz — Matriz dos Elos Institucionais[9] — compõe-se de todas as organizações que se achavam relacionadas ou que deviam se relacionar com as políticas sociais do município, a fim de que os objetivos fossem atingidos. Nesta matriz procuramos identificar como interagiam as organizações em função de cada política.

Sistematizamos as informações disponíveis, selecionando as instituições que poderiam estar envolvidas com as políticas pesquisadas e construindo um cenário da situação-problema. A partir desse levantamento, elaboramos uma primeira versão das matrizes, tratando cada política isoladamente, objetivando elaborar uma situação ideal de relacionamento das instituições.

Esse cenário serviu de base ao trabalho de campo, que se constituiu de visitas às organizações e da verificação de suas funções e inter-relações no ambiente de atuação das políticas no período delimitado pelo estudo.

A segunda fase — o trabalho de campo — consistiu em uma visita ao município estudado, onde estabelecemos contato direto com as pessoas responsáveis pelas políticas e organizações, verificando assim o cenário anteriormente construído.

A terceira fase correspondeu à checagem das informações coletadas na visita e à elaboração do cenário final, a partir dos dados documentais.

A fase final do trabalho foi a redação do caso propriamente dito.

Leitura das matrizes

Cada matriz analisada forneceu dados específicos, que mostraram a posição das instituições e suas relações no momento em que realizamos a pesquisa.

Compondo a *matriz institucional múltipla*, verificamos a estrutura e a hierarquia institucional das políticas sociais pesquisadas, bem como as funções administrativas das instituições que compõem seu aparato. Ressalta-se que, nessa matriz, verificamos a competência dos três níveis de governo em relação às políticas.

Para realizar esse trabalho de delimitação, estabelecemos, segundo Tenório e Alves,[10] uma legenda com a representação de cinco funções administrativas

---

[9] Ver anexo 2.
[10] Tenório e Alves, 1986.

que esboçam a organização institucional para a execução das políticas públicas e de dois outros símbolos que tinham uma significação especial, a saber:

- P — *planejamento*, função que determina diretrizes, fixa metas e estabelece prioridades para a execução das políticas;

- D — *decisão*, função deliberativa acerca de oportunidades e conveniência de se implementar as atividades ou ações relativas à execução da política;

- R — *alocação de recursos*, função responsável pelo suprimento de necessidades nos níveis financeiro, humano, tecnológico, material e de equipamentos para a execução das políticas;

- S — *supervisão*, função responsável pelo acompanhamento da execução das políticas, a fim de avaliar suas condições, o cumprimento do planejamento realizado e a utilização dos recursos alocados. Acrescente-se a cobrança das responsabilidades delegadas para a execução das políticas;

- ? — a *interrogação* representa a necessidade de observar funções complementares à legenda, que em determinados casos assumem papéis relevantes na execução das políticas;

- # — este *sinal* objetiva mostrar a existência formal de determinada instituição que no momento estudado não estava atuando.

Essa matriz foi basicamente estruturada a partir de dados documentais. As verificações efetuadas durante o trabalho de campo apenas confirmaram as conclusões a que chegamos na montagem da matriz.

Na *matriz dos elos institucionais*, pudemos verificar as relações existentes entre as instituições e as políticas desenvolvidas no município, a partir de um enfoque em que as organizações são consideradas sistemas sociais em permanente transação com seu ambiente. Nesta etapa observou-se a confirmação ou não da hipótese trabalhada.

Para a composição da matriz, baseamo-nos não só na relação de instituições presentes no município, como também nas seguintes variáveis:

- *elos capacitadores*: que representam as relações com as organizações ou grupos sociais que controlam a distribuição de autoridade e a alocação dos recursos necessários à execução das políticas públicas;

- *elos normativos*: que representam as ligações com outras organizações que incorporam normas e valores relevantes para os objetivos e a missão das políticas públicas;

□ *elos funcionais*: que representam as relações com as organizações que geram funções e serviços complementares à produção, ao fornecimento de insumos e ao consumo de produtos ou serviços prestados como resultado material da execução das políticas públicas. Incluem-se também nesta categoria as organizações que desempenham funções complementares na execução das políticas públicas;

□ *elos competitivos*: que representam as relações mantidas entre organizações ou projetos que têm objetivos similares e por isso competem por recursos e/ou clientela;

□ *elos difusos*: que representam os elementos encontrados no ambiente que afetam a execução das políticas públicas e que podem prejudicar ou beneficiar, direta ou indiretamente, sua operacionalidade.

Nesta matriz, os dados ficam mais sujeitos à subjetividade, pois dependem da interpretação da realidade para a alocação de determinados elos entre organizações.

Uma última questão que precisa ser compreendida para a leitura das matrizes é o *processo de coordenação*. Este processo (*throughput*) significa a possibilidade de transformar insumos (*inputs*) em saídas (*outputs*) ou num meio em que fenômenos, ações, produtos ou serviços sofrem mudança contínua no decorrer do tempo. Coordenação é a função gerencial intencional e deliberada de ordenar um conjunto de atividades e eventos relevantes, altamente diferenciados pelo ambiente geral ou operacional, com o objetivo de agrupá-los e integrá-los da forma mais apropriada e no momento mais oportuno.[11]

O processo de construção do caso

Programação das atividades

Nesta fase, a preocupação central foi elaborar a programação das atividades de pesquisa para a construção do caso. Essa programação baseou-se em dois tipos

---

[11] Tenório e Alves, 1986.

de atividades: as substantivas, que caracterizam atividades-fim; e as adjetivas, que caracterizam atividades-meio.

Fases de trabalho	Atividades-meio (adjetivas)	Atividades-fim (substantivas)
1ª	□ Sessões práticas da aula □ Reuniões extra sala de aula	□ Levantamento das instituições □ Mapeamento institucional □ Elaboração da primeira versão das matrizes institucionais: múltipla e dos elos institucionais □ Definição dos atores prioritários
2ª	Preparação da visita: □ Contatos □ Agendamento de entrevistas e reuniões □ Organização do roteiro de campo □ Deslocamento e estada	□ Trabalho de campo, com a realização de entrevistas e reuniões
3ª	□ Reuniões internas do grupo das matrizes	□ Elaboração da segunda versão
4ª	□ Redação final	□ Construção do caso

Atividades realizadas em campo

□ Reunião com o prefeito e demais representantes selecionados.

□ Divisão do grupo para a realização de entrevistas com os representantes das organizações selecionadas.

□ Reunião final com o prefeito.

Vale observar que sempre que possível o grupo compartilhava dúvidas e informações a serem confirmadas em mais de uma organização.

Cronogramas de atividades

CRONOGRAMA PREVISTO

Atividades	Jul.	Ago.	Set.	Out.	Nov.	Dez.
1. Levantamento inicial dos dados	■					
2. Estabelecimento de metodologia		■				
3. Análise inicial de dados		■				
4. Programação geral de atividades		■				
5. Programação do 1º trabalho de campo		■				
6. Agendamento do 1º trabalho de campo			■			
7. Realização do 1º trabalho de campo				■		
8. Avaliação do 1º trabalho de campo				■		
9. Programação do 2º trabalho de campo					■	
10. Agendamento do 2º trabalho de campo					■	
11. Realização do 2º trabalho de campo					■	
12. Avaliação do 2º trabalho de campo					■	
13. Elaboração do relatório final					■	■
14. Redação e digitação do relatório final						■
15. Monitoração das atividades		■	■	■	■	■

CRONOGRAMA REALIZADO

Atividades \ Período (mês)	Jul.	Ago.	Set.	Out.	Nov.	Dez.	Jan.	Fev.	Mar.	Abr.	Maio
1. Levantamento inicial de dados	■										
2. Estabelecimento de metodologia		■									
3. Análise inicial de dados		■									
4. Programação geral de atividades		■									
5. Programação do 1º trabalho de campo			■								
6. Agendamento do 1º trabalho de campo				■							
7. Realização do 1º trabalho de campo				■	■						
8. Avaliação do 1º trabalho de campo						■					
9. Elaboração do relatório final							■	■	■	■	
10. Redação e digitação do relatório final									■	■	■
11. Monitoração das atividades	■	■			■	■	■	■	■	■	■

Interpretação das matrizes e verificação da hipótese do caso

Com o propósito de verificar a hipótese do caso, fizemos uma leitura dos dados constantes nas matrizes, partindo do levantamento das instâncias de governo que atuavam no município, seu grau de atuação e a incidência de suas decisões nas políticas desenvolvidas.

Sendo as matrizes instrumentos limitados de análise, por só permitirem uma leitura temporalmente estática, recorremos também a informações colhidas durante as entrevistas abertas realizadas com os agentes das políticas públicas objetos do caso. Ainda com o auxílio das entrevistas realizadas, construímos cenários hipotéticos no município que indicaram as origens da situação atual visualizada pelas matrizes e seus possíveis desdobramentos futuros no curto prazo.

A partir da *matriz institucional múltipla*, chegamos a uma primeira constatação: a não existência de uma política de alimentação como tal. Havia uma diluição das atividades dessa área nas de saúde e educação. As atividades realizadas pela prefeitura restringiam-se à alocação de recursos aos órgãos públicos de educação e saúde e entidades privadas. A fazenda-escola, cuja vocação educacional está voltada para atividades rurais, planeja e empreende produção própria de produtos alimentícios, que são aproveitados pela prefeitura como recurso disponível para a alocação por ela empreendida. Nas esferas estadual e federal, as atividades na área de alimentação visam principalmente à merenda escolar, estando portanto circunscritas à área educacional.

Também pudemos constatar a inexistência de uma política de habitação de envergadura. As ações nesta área concentram-se na prefeitura, que não conta com qualquer apoio nem delega a execução ou a supervisão a outro órgão a ela subordinada, o que indica que esse tipo de ação é desprovido de complexidade ou volume que demandem uma estruturação maior do setor por parte da administração pública.

Quanto à hipótese do caso, as matrizes apontam a inexistência de coordenação das políticas sociais por parte da administração municipal. Isso porque não há órgão com função de planejamento intersetorial ou órgão que possua elos institucionais uniformes com as políticas sociais existentes, o que indicaria uma prática de coordenação.

Ainda no setor educacional, há claros indícios de competitividade por recursos e clientela entre órgãos das esferas municipal e estadual, o que revela desvios de funcionalidade no setor. Tal leitura torna inequívoca a conclusão expressa no parágrafo anterior.

Embora não haja uma coordenação de fato das políticas sociais, o trabalho de campo permitiu identificar esforços bem-sucedidos de realização de atividades coordenadas entre os setores analisados. No período delimitado para o caso, observamos uma concentração desses esforços na atividade *alimentação alternativa*, que faz parte do Projeto de Saúde Geral do município. Pode-se depreender esse esforço de coordenação, desenvolvido pelo Centro de Saúde, pelas atribuições funcionais delimitadas de que foram investidas diferentes instituições públicas e privadas do município e pela articulação intersetorial que essas atribuições revelam — desde a produção até a avaliação. Para demonstrar essa afirmativa, desenvolvemos um fluxo das atividades (ver anexo 3) desempenhadas pelas instituições envolvidas.

A partir de 1988, verificou-se a tendência de a administração pública delegar maiores atribuições e recursos à esfera municipal. No que tange às políticas sociais, essa tendência foi sistematizada sobretudo na área da saúde, a partir das diretrizes gerais formuladas na esfera federal, corporificadas na implantação do SUS (Sistema Único de Saúde). No município, essa implantação se deu em período anterior ao delimitado para o estudo, mas a estruturação do serviço de saúde na esfera municipal, para atender a sua função no SUS, pode ter sido fator determinante para o desenvolvimento de maior capacidade de planejamento nessa área, se comparada à da educação. Por isso, ou em consequência disso, deu-se a alocação de pessoal profissionalmente qualificado no plano gerencial, o que explica a organização das atividades no setor sob a forma de projetos.

O cenário exposto explicaria a constituição do Centro Municipal de Saúde como órgão de coordenação efetiva do Projeto de Alimentação Alternativa. Cabe ressaltar, no período anterior ao delimitado para o caso, a atividade de construção de fossas sépticas nas habitações da área rural do município, empreendida em conjunto pela prefeitura, pelo Centro de Saúde e pela Emater. Faz-se ainda mister assinalar dois fatores importantes: a vontade política demonstrada pelas autoridades públicas municipais em empreender a concretização do SUS e sua preocupação com a qualidade de vida da população, especialmente concentrada no setor de saúde e no desenvolvimento da criança, com a integração saúde/educação como ponto estratégico.

A posição de relevância alcançada pelos órgãos municipais do setor de saúde no planejamento e na execução das atividades coordenadas por nós observadas pode vir a estimular a estruturação das políticas públicas municipais a partir do exemplo de capacidade de planejamento desse setor. Essa tendência pode se acentuar devido a outros esforços empreendidos para implantar novas atividades coordenadas entre os setores de saúde e educação, como o estudo que vem sendo realizado pelo Centro Municipal de Saúde para implantar um programa de recolhimento seletivo de lixo. O cenário possível desenhado tornaria viável uma coordenação sistemática das políticas públicas.

Conclusão

Realizando este trabalho, verificamos que o método do caso cumpriu seu papel como meio eficaz para o processo ensino-aprendizagem dos instrumentos e técnicas de gestão de programas e projetos. Destacamos ainda que:

- as atividades do projeto foram planejadas e executadas pelos alunos, o que indica a assimilação dos instrumentos e das técnicas de gerência apresentados pelo professor;

- o trabalho de campo, a análise das matrizes e a verificação da hipótese foram realizados sem a participação direta do professor, o que estimulou a iniciativa e a autonomia dos alunos, qualidades essenciais ao gerente de projetos, e permitiu a experimentação prática dos instrumentos e técnicas de gerência;

- a verificação da hipótese do caso demonstra o cumprimento dos objetivos do projeto, o que indica o sucesso da aplicação do método do caso;

- para demonstrar as conclusões do caso, lançamos mão de instrumento não apresentado pelo professor (o fluxo de atividades), o que demonstra a autonomia propiciada aos alunos pelo método;

- o método aplicado, ao autorizar a realização de um projeto, cumpriu não só o papel precípuo de uma instituição universitária — o ensino —, como também incorporou sua outra função essencial — a produção acadêmica, posto que envolveu a realização de um trabalho de pesquisa;

- o contato com uma realidade e com os atores que a compõem proporcionou a proximidade com uma visão mais dinâmica da própria realidade, possibilitando a integração dos alunos em situações reais.

Bibliografia

BERALDO, Valter; TANABE, Mário. O método do caso e o microcomputador: uma aplicação de baixo custo e alta flexibilidade. In: REUNIÃO ANUAL DA ANPAD, 12. *Anais...* 1988. p. 907-924.

CAMPOMAR, Marcos Cortez. Do uso de "estudo de caso" em pesquisas para dissertações e teses em administração. *Revista de Administração*, São Paulo: FEA/USP, v. 26, n. 3, p. 95-97.

CURSO SOBRE O MÉTODO do caso para professores universitários. São Paulo: Eaesp/FGV, 1983. ms.

DEMO, Pedro. *Metodologia científica em ciências sociais*. São Paulo: Atlas, 1980.

_____. *Introdução à metodologia da ciência*. São Paulo: Atlas, 1983.

_____. *Ciência, ideologia e poder:* uma sátira às ciências sociais. São Paulo: Atlas, 1988.

ITANHANDU. *Projeto de Saúde Geral do Município*. s.d. ms.

MACHLINE, Claude. Curso sobre o método do caso para professores universitários. In: *Curso sobre o método do caso para professores universitários*. São Paulo: Eaesp/FGV, 1983. ms.

SANTOS, Patrícia B. S. de P. *Diagnóstico de saúde do município de Itanhandu*. Itanhandu, 1991. ms.

SHERWOOD, Frank. *Um estudo de decisão administrativa:* quatro aplicações do método do caso. Rio de Janeiro: FGV, 1964.

TENÓRIO, Fernando G.; ALVES, Francisco A. L. *Manual de coordenação e gerência de projetos de desenvolvimento rural:* seu enfoque no Paap. Recife: Sudene/Pnud/Banco Mundial, 1986.

TORRES, Javier Mariscal. El papel del instructor en el método de casos. In: *Curso sobre o método do caso para professores universitários*. São Paulo: Eaesp/FGV, 1983. ms.

VILLA, Luis Enrique de la. El método de casos. *Documentación Administrativa*, Madrid, v. 35, p. 17-24,1960.

Políticas sociais / Agentes	Educação						Saúde						Habitação						Alimentação					
	P	D	R	E	S	?	P	D	R	E	S	?	P	D	R	E	S	?	P	D	R	E	S	?
Governo federal	P	D	R				P	D	R		S				R				P	D	R			
Governo estadual	P	D	R		S	?	P	D	R		S													
Conselho Federal de Saúde																								
Conselho Estadual de Educação	P	D			S																			
Prefeitura municipal	P	D	R		S			D	R		S		P	D	R	E	S		P		R			
Escolas estaduais (1º e 2º graus)				E						E												E		
Conselho Municipal de Educação						#																		
Conselho Municipal de Saúde												#												
Órgão Municipal de Educação	P			E	S																			
Órgão Municipal de Saúde							P			E	S													
Centro Municipal de Saúde										E	S													
Postos de saúde (rurais)										E														
Escolas municipais (1º grau)				E						E												E		
Fundação Itanhanduense			R			?																		
Creche municipal				E						E														
Fazenda-escola				E						E									P			E		
Apae	P	D	R	E	S		P	D	R	E	S													
Conviver										E														
Emater										E														
Casa de Caridade (hospital)							P	D	R	E	S													
Escolas particulares			R	E	S																			
Clínicas particulares							P	D	R	E	S													
Capemi (Lar Fabiano de Cristo)	P	D	R	E	S	?																		
Damas de caridade																			P	D	R	E	S	

Legenda: P — Planejamento; D — Decisão; R — Alocação de recursos; E — Execução; S — Supervisão; ? — Observação; # — Sem atividades.

ANEXO 2
Matriz dos Elos Institucionais
Política de Educação

Elos institucionais / Organizações	Habilitadores	Normativos	Funcionais			Competitivos			Difusos			
			Insumos	Consumo/ produto/ serviço	Complementaridade	Recursos	Clientela	Outros	Antagonismo	Resistência	Apoio	Outros
Governo federal	■											
LBA	■		■		■						■	
Febem			■									
Governo estadual	■	■										
Conselho Estadual de Saúde												
Conselho Estadual de Educação		■										
Delegacia Regional de Ensino				■	■							
Escolas estaduais	■	■		■			■					
Prefeitura												
Conselho Municipal de Educação												
Conselho Municipal de Saúde												
Órgão Municipal de Educação			■									

Continua

Uma Experiência de Integração Ensino-Pesquisa

Elos institucionais / Organizações	Habilitadores	Normativos	Funcionais			Competitivos			Difusos			
			Insumos	Consumo/ produto/ serviço	Complementaridade	Recursos	Clientela	Outros	Antagonismo	Resistência	Apoio	Outros
Escolas municipais			■			■	■					■
Órgão Municipal de Saúde												
Centro de saúde												
Postos de saúde												
Fundação Itanhanduense			■		■							
Creche municipal				■	■							
Escola-fazenda			■		■							
Escolas particulares					■		■					■
Apae											■	
Capemi											■	
Emater												
Conviver												
Senac				■	■							
Casa de Caridade												
Clínicas particulares												

Matriz dos Elos Institucionais
Política de Saúde

Elos institucionais	Habilitadores	Normativos	Funcionais			Competitivos			Difusos			
Organizações			Insumos	Consumo/produto/serviço	Complementaridade	Recursos	Clientela	Outros	Antagonismo	Resistência	Apoio	Outros
Governo federal	■	■										
LBA											■	
Febem												
Governo estadual	■	■	■		■							
Conselho Estadual de Saúde		■										
Conselho Estadual de Educação												
Delegacia Regional de Ensino												
Escolas estaduais				■								
Prefeitura		■	■									
Conselho Municipal de Educação												
Conselho Municipal de Saúde		■										
Órgão Municipal de Educação												

Continua

Elos institucionais	Habili-tadores	Norma-tivos	Funcionais			Competitivos			Difusos		
Organizações			Insumos	Consumo/ produto/ serviço	Comple-mentari-dade	Recursos	Clientela	Outros	Antago-nismo	Resis-tência	Apoio	Outros
Escolas municipais			■									■
Órgão Municipal de Saúde			■									
Centro de saúde			■	■								
Postos de saúde				■								
Fundação Itanhanduense			■	■								
Creche municipal			■	■								
Escola-fazenda			■									
Escolas particulares												
Apae					■							
Capemi												
Emater					■						■	
Conviver												
Senac					■							
Casa de Caridade						■						
Clínicas particulares							■					

ANEXO 3

Fluxo de Atividades

Alimentação alternativa

Atividades \ Instituições	Centro de saúde	Posto de saúde	Creche municipal	Escola-fazenda	Apae/ escolas	Famílias
Produção				■		
Distribuição	■	■				
Consumo			■	■	■	■
Acompanhamento	■		■	■		
Avaliação	■					

Capítulo 4

Programa de Capacitação Comunitária para o Desenvolvimento Regional: o local como referência

Adélia Cristina Zimbrão da Silva
Helena Bertho da Silva
Ivandro da Costa Sales
José Luís Abreu Dutra
Lessandra da Silva
Valéria Rosa Bicudo

Estratégia de intervenção[1]

Esta proposta parte do pressuposto de que o desenvolvimento local que visa a ser integrado e sustentável é um processo de mobilização comunitária. Esse processo deve promover a sinergia entre os diversos atores sociais na utilização de potencialidades e recursos locais, para a realização de mudanças na socioeconomia municipal que ampliem as oportunidades sociais, aumentem a renda e melhorem a qualidade de vida da população.

A importância das dimensões de mobilização e de autossustentabilidade é suficiente para definir as características essenciais do processo de capacitação aqui proposto: o forte compromisso e a crescente participação das entidades locais, o engajamento da sociedade civil e a atuação integrada do governo, dos empreendedores e da comunidade.

Outra dimensão a ser destacada no esforço de capacitação é a ênfase no conceito de "gestão integrada", envolvendo as três esferas de governo, os empreendedores locais e as organizações sociais representativas dos interesses das comunidades locais.

---

[1] O conteúdo que define esta proposta foi estabelecido a partir das experiências de pesquisa e transferência de tecnologia do Programa de Estudos em Gestão Social, desenvolvido pela Ebape/FGV.

Finalmente, cumpre destacar a "orientação substantiva do processo de capacitação", que se traduz no seu papel de suporte ao desenvolvimento regional e local sustentável, com ênfase nos seus objetivos de ampliar as oportunidades sociais, aumentar a renda, melhorar a qualidade de vida da população e buscar a equidade social e o equilíbrio ecológico.

A estratégia desenvolve-se a partir do princípio de regionalização do esforço da capacitação com a proposta de iniciar-se com uma ação piloto em regiões estaduais definidas previamente.

A aplicação se desenvolverá a partir da realização de três oficinas, descritas a seguir. O número de participantes de cada oficina deve ser previamente estabelecido pelos organizadores e participantes, de acordo com as especificidades de cada contexto local.

Oficina 1

A oficina 1 deve reunir representantes do corpo técnico estadual (gerentes, técnicos, assessores etc.) com o objetivo de integrá-los e demonstrar a importância da metodologia para o desenvolvimento do estado (figura 1).

Figura 1
Oficina 1

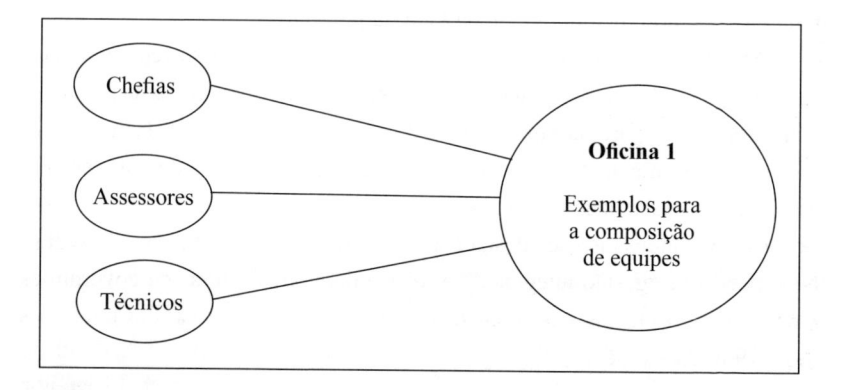

```
┌─────────────────────────────────────────────────┐
│   ╭─────────╮                                   │
│   │ Chefias │────────╮                          │
│   ╰─────────╯        │    ╭──────────────╮      │
│                      ╰────│  Oficina 1   │      │
│   ╭───────────╮           │              │      │
│   │ Assessores│───────────│ Exemplos para│      │
│   ╰───────────╯           │ a composição │      │
│                      ╭────│  de equipes  │      │
│   ╭──────────╮       │    ╰──────────────╯      │
│   │ Técnicos │───────╯                          │
│   ╰──────────╯                                  │
└─────────────────────────────────────────────────┘
```

Objetivos

☐ Discutir e sensibilizar a alta gerência para o Programa de Capacitação Comunitária para o Desenvolvimento Regional — o local como referência.

- Capacitar gerentes e técnicos estaduais para a implementação de instrumentos gerenciais em consonância com os novos paradigmas da administração pública, adequando-os à realidade regional.

Método

Serão utilizados *workshops* e aulas expositivas.

Oficina 2

A oficina 2 terá lugar em seguida à oficina 1 e deverá reunir representantes das organizações de base (nas quais se elegem os representantes: conselhos municipais, partidos, associações, sindicatos, cooperativas etc.) e de apoio (caracterizadas como apoio técnico e/ou financeiro: fundações, ONGs, bancos etc.) de municípios da região, bem como funcionários de prefeituras e técnicos estaduais das regionais (figura 2).

Os participantes deverão:

- ser representantes de entidades da sociedade civil;
- ser alfabetizados (saber ler e escrever);
- ter facilidade de comunicação com o público;
- ter disponibilidade de tempo para participar da oficina 1 e atuar como agente de desenvolvimento local 1 (ADL 1).

No caso dos representantes da prefeitura, é necessário que sejam funcionários públicos, devendo ser firmado previamente um acordo de parceria entre o estado e os municípios, de modo que o funcionário do Executivo municipal possa ser disponibilizado para atuar como ADL 1. Seria desejável que, além dos requisitos anteriores, esse funcionário também possuísse experiência com elaboração de projetos, tendo, no mínimo, 1º grau e conhecimento dos trâmites burocráticos da prefeitura.

O estabelecimento desses critérios tem por finalidade dar sustentabilidade ao desenvolvimento dos trabalhos relacionados ao programa, buscando garantir elos institucionais tanto no âmbito estatal quanto no da sociedade civil.

Os ADLs 1 devem ser responsáveis pela mobilização da população de seus municípios para a constituição do fórum e a elaboração dos diagnósticos e agendas municipais, bem como sua execução, atuando como multiplicadores do processo vivenciado na oficina 2 em seu município e capacitando outros agentes de desenvolvimento local, os ADLs 2.

Objetivo

Capacitar agentes para a disseminação do conteúdo e metodologia do programa.

Figura 2
Oficina 2

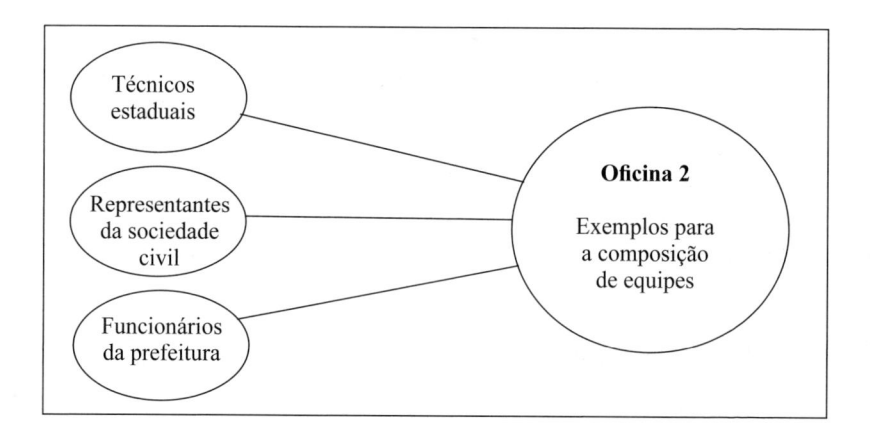

Oficina 3

A oficina 3 deverá ser formada por técnicos das regionais que tenham participado da oficina 2 (figura 3).

Figura 3
Oficina 3

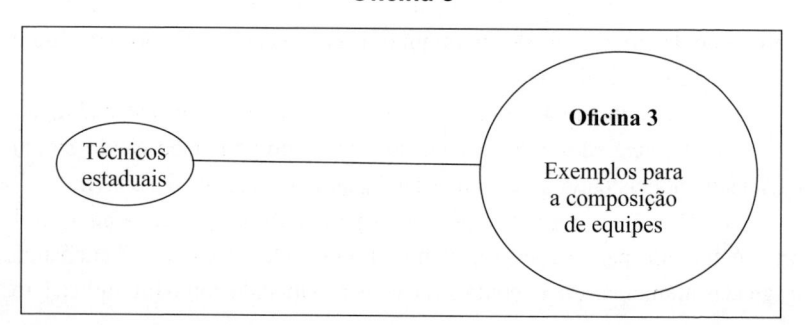

Objetivo

Capacitar para o acompanhamento da elaboração e execução das agendas locais.

Fundamentação teórica das oficinas

O Programa de Capacitação Comunitária para o Desenvolvimento Regional — o local como referência, desenvolvido a partir das oficinas que o compõem, parte de uma unidade geradora: o desenvolvimento regional e local por meio da participação comunitária. Dessa forma, a fundamentação didático-pedagógica do programa é pautada pelos seguintes princípios:

- a pedagogia transformadora enfatiza a construção do conhecimento com base em experiências significativas, partindo da realidade, dos interesses, necessidades e desejos dos participantes e enfatizando a elaboração, a construção, a socialização e a reinvenção do conhecimento prático e teórico;

- a pedagogia transformadora reconhece que o "senso comum", o conhecimento empírico da realidade, é também um fator importante na construção de instrumentos decisórios e gerenciais eficazes;

- a pedagogia transformadora valoriza a construção coletiva do saber, a participação de todos, o trabalho e o planejamento cotidianos e a superação do individualismo, da alienação, do imediatismo e do "pseudoprogressismo";

- a pedagogia transformadora reconhece que o conhecimento é construído através de redes de saberes, fazeres e atores;

- a pedagogia transformadora fundamenta-se no referencial teórico da filosofia--metodologia da práxis, no entendimento dialético da realidade social e no conhecimento.

Monitoramento

Nas oficinas 2 e 3, os técnicos estaduais das regionais serão capacitados a acompanhar os trabalhos dos ADLs junto aos municípios (figura 4). O monitoramento se fará em todos os níveis, para a constituição e execução das agendas municipais, abrangendo as seguintes atividades:

- mobilização;

- constituição e primeira reunião dos fóruns municipais;

☐ constituição e validação da agenda;

☐ execução dos projetos e ações pertencentes à agenda.

Para desenvolver tais atividades de monitoramento, esses técnicos receberão capacitação específica na oficina 3, podendo, dessa forma, atuar como interlocutores entre o estado e os municípios.

Os consultores, responsáveis pelo desenvolvimento do projeto, acompanharão, por meio de encontros sistemáticos com os técnicos estaduais, o desenvolvimento das atividades de monitoramento em todas as suas fases durante a vigência do projeto.

Figura 4
Esquema de articulação de cada técnico estadual na atividade de monitoramento

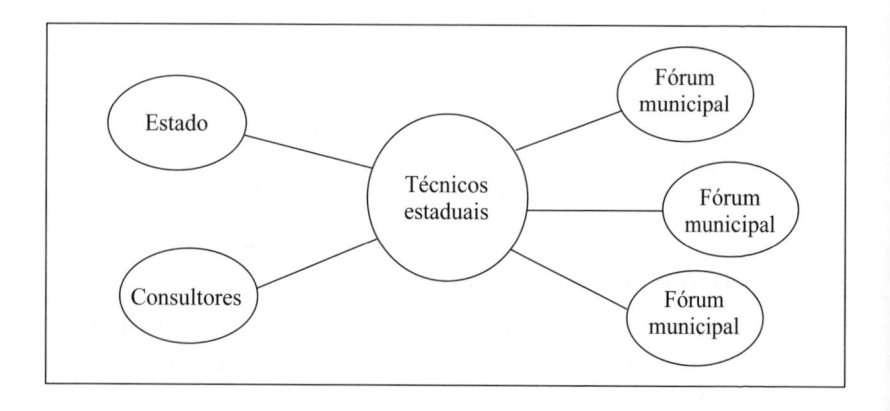

Proposta pedagógica e metodológica

O processo envolve a sensibilização para a necessidade de participação e engajamento de todos os setores da sociedade. Na metodologia de aprendizagem aqui proposta, a participação é entendida como o principal referenciador do processo, capaz de dar maior "sustentabilidade" ao Programa Estadual de Capacitação Comunitária para o Desenvolvimento Regional, na medida em que os participantes reconheçam nele suas contribuições e seus interesses. Por isso, é importante envolvê-los em todas as etapas. Eles não devem ser vistos como simples informantes, mas como sujeitos capazes de transformar suas próprias condições de existência.

Dessa forma, esta proposta didático-pedagógica pretende caracterizar-se por uma ação participativa e predominantemente dialógica. O diálogo, como conceito e pressuposto da relação pedagógica, pretende o reconhecimento efetivo dos saberes diferenciados dos atores em interação, considerados válidos e necessários à produção do conhecimento. O diálogo, nesta perspectiva, não é a busca pura e simples do consenso sobre as coisas, mas, principalmente, a afirmação dos diferentes entendimentos e a procura de um acordo de conhecimentos, que pode ocorrer tanto na interseção das diferentes visões quanto na bricolagem dos diversos pontos de vista. Dessa maneira, três elementos podem ser sublinhados:

- a necessidade da interação entre os atores;
- o multirreferenciamento da interação;
- a gradualidade da diretividade, por parte do ator que "ensina" e aprende, estabelecida pela subordinação dos objetivos didático-pedagógicos à dinâmica da interação.

A participação integra a proposta pedagógica e metodológica desde a concepção até a conclusão do programa, envolvendo os membros nas atividades, segundo níveis diferenciados de intensidade e responsabilidade, e tornando-os partícipes dos rumos do processo.

Parte-se da ideia do facilitador,[2] que ajuda, com a maior transparência possível, a articular palavras e gestos. Este deve conduzir os trabalhos para facilitar o intercâmbio de ideias e experiências pessoais, fazendo com que o grupo gerencie seus próprios conflitos e orientando-o na busca de suas próprias soluções e tomada de decisão. Ele também discute as "regras do jogo", fazendo com que sejam cumpridas, assegurando autonomia do grupo e equilibrando as participações de todos.

Portanto, buscar-se-á a vivência e o aprofundamento de uma metodologia orgânica e participativa:

---

[2] Esse termo é desenvolvido por Paulo Freire, significando, nesta proposta, o agente que faz a mediação e articulação entre os objetivos do programa e as propostas e realidade dos participantes das oficinas.

- definindo conjuntamente, em função das realidades objetiva e subjetiva dos agentes participantes do processo, os objetivos, estratégias, conteúdo, metodologia e gestão do processo de capacitação;
- levando em consideração e aprofundando, num processo de intercâmbio, o sentir/pensar/querer/agir de todos os participantes;
- utilizando técnicas de integração grupal e linguagem lúdica e artística;
- avaliando e reorientando sistematicamente e de modo participativo os fins e os meios do processo de capacitação.

O diagnóstico a partir desta proposta metodológica

O facilitador deve estimular o diálogo com os participantes, a fim de identificar as principais atividades econômicas da região. Para isso, é importante que os incentive a relatar sua história de vida e a de sua família e mostre que as atividades que desenvolvem (e que, a princípio, não reconheceriam como potencialidades locais) são indicadores importantes para o diagnóstico.

Por meio da técnica de construção dos cenários regional e local, busca-se identificar as características municipais, a partir do levantamento de informações como: situação socioeconômica, condições de vida da população, número de escolas, vagas e matrículas, número de postos de saúde e principais atividades produtivas da região (agricultura, pecuária, pesca, indústria e comércio).

O levantamento dos dados deve ser um elemento de apoio para a elaboração da agenda. Assim, cabe ao facilitador mostrar as fontes de informações necessárias. Este aspecto é fundamental para o envolvimento e coesão do grupo, fazendo parte do processo mais amplo dessa metodologia, uma vez que tem como proposta a educação, indo além da capacitação.

O esquema a ser utilizado na caracterização local/regional é apresentado neste capítulo.

A pretensão aqui é enfatizar o processo de construção conjunta, para que os conceitos não sejam apreendidos mecanicamente, mas sim com a compreensão do significado.

Esquema de caracterização local/regional

Tipo de contextos (local/regional)	Nível de institucionalidade existente	Linhas de ação prioritárias para o desenvolvimento local/regional
Com alto grau de dinamismo (aspectos sociais, econômico-produtivos e cultural identitários)	☐ Variadas instituições ativas com fins diversos ☐ Articulação fluida entre o público e o privado, o setorial e o territorial ☐ Organizações ou redes orientadas especificamente para pensar e gerir o desenvolvimento local	☐ Sustentar os processos alcançados ☐ Atender à inovação ☐ Visualizar novos posicionamentos da região (prospectiva) ☐ Fomentar o associativismo regional (redes de suporte)
Coexistência de áreas com dinamismo e áreas não dinâmicas (aspectos sociais, econômico-produtivos e cultural-identitários)	☐ Algumas instituições ativas em torno de fins concretos ☐ Articulação público-privada em tarefas pontuais ☐ Organizações pró-desenvolvimento potenciais ou incipientes	☐ Fortalecer, consolidar iniciativas e atores ☐ Realizar esforços de integração de dinâmicas intralocais diversas ☐ Promover novas iniciativas econômicas e sociais ☐ Fortalecer o associativismo entre atores locais e externos ☐ Realizar animação social, cultural e econômica
Com escasso dinamismo ou em crise de uma dinâmica anterior (aspectos sociais, econômico-produtivos e cultural-identitários)	☐ Organizações atomizadas e descoordenadas ☐ Coordenação público-privada quase inexistente ☐ Inexistência de organizações orientadas especificamente para o desenvolvimento local	☐ Construir ou reconstruir o tecido e as articulações ☐ Impulsionar a elaboração e o diagnóstico estratégico ☐ Desenvolver capacidades de gestão e organização de atores ☐ Mobilizar recursos locais e externos

Fonte: Marsiglia e Pintos, 1997:99.

Avaliação didático-pedagógica

A avaliação busca cumprir o papel de reorientação das ações didático-pedagógicas, no sentido de atender às expectativas dos participantes do processo de interação educativo e aos objetivos de formação. Dessa forma, ganham destaque aspectos qualitativos no processo de avaliação.

As estratégias de avaliação devem considerar os diversos elementos da ação comunicativa entre os atores do processo educativo em seus diferentes papéis, desde exercícios, questionários de opinião e impressões dos facilitadores até as críticas verbais aos rumos da capacitação, levando à reorientação das ações de ensino. Outros dois indicadores devem ser considerados nesse processo: participação nos debates e discussões; e demonstração concreta e material do alcance dos objetivos da capacitação.

Destaca-se ainda que avaliação não se confunde com mecanismos classificatórios dos participantes, mas é, acima de tudo, uma metodologia de acompanhamento sistemático da prática educativa que deve sinalizar aos facilitadores os caminhos que precisam ser reorientados para que sejam alcançados os objetivos da capacitação.

Bibliografia

COELHO, Franklin Dias. Reestruturação econômica, políticas públicas e as novas estratégias de desenvolvimento local. *Pólis*, n. 25, p. 45-62, 1996.

DOWBOR, Ladislau. A intervenção dos governos locais no processo de desenvolvimento. *Pólis*, p. 29-44, 1996.

_____; BAVA, Silvio Caccia. Políticas municipais de emprego. *Pólis*, n. 25, p. 7-28, 1996.

FISCHER, Tânia. Gestão contemporânea, cidades estratégicas: aprendendo com fragmentos e reconfigurações do local. In: FISCHER, Tânia. (Org.). *Gestão estratégica:* cidades estratégicas locais. Rio de Janeiro: FGV, 1996.

HOYOS, Juan Baldalez. (Org.). *Desenvolvimento sustentável:* um novo caminho? Belém: UFPA/Numa, 1992a. (Universidade e Meio Ambiente, 3).

_____. Impacto ambiental dos investimentos do Finam na Amazônia. In: HOYOS, Juan Baldalez. (Org.). *Desenvolvimento sustentável:* um novo caminho? Belém: UFPA/Numa, 1992b. p. 1-12. (Universidade e Meio Ambiente, 3).

LOYOLA, Elisabeth; MOURA, Suzana. Análise de redes: uma contribuição aos estudos organizacionais. In: FISCHER, Tânia. (Org.). *Gestão estratégica:* cidades estratégicas e organizações locais. Rio de Janeiro: FGV, 1996.

MARSIGLIA, Javier. Sociedad civil y Estado: relaciones en tránsito (un aporte para el análisis de la intervención social). *Cuadernos del Claeh*, Montevideo, ano 19, série 2, n. 71, p. 133-143,1994.

_____. Desenvolvimento e gestão local: temas e atores em um cenário de mudanças. *Pólis*, n. 25, p. 63-74.

_____; PINTOS, Graciela. La construcción del desarrollo local y regional. Actores, estrategias y nuevas modalidades de intervención. *Cuadernos del Claeh*, Montevideo, ano 22, série 2, n. 78/79, p. 93-110, 1997.

RATTNER, Henrique. Tecnologia e desenvolvimento sustentável. In: HOYOS, Juan Bardalez. (Org.). *Desenvolvimento sustentável:* um novo caminho? Belém: UFPA/Numa, 1992. p. 13-40. (Universidade e Meio Ambiente, 3).

TENÓRIO, Fernando G. *Roteiro padrão para análise institucional do setor público agrícola nacional.* Rio de Janeiro: Ministério da Agricultura, FGV/Eiap, 1976.

_____. *Manual de coordenação e gerência de projetos de desenvolvimento rural.* Recife: Sudene, Bird, Pnud, 1986.

_____. O mito da participação. *Revista de Administração Pública*, Rio de Janeiro: FGV, v. 25, n. 3, jul./set. 1991.

_____. *O Programa de Estudos em Gestão Social da Ebape/FGV e relato de pesquisas com metodologias participativas.* Rio de Janeiro: DPP/Ebape/FGV, 1993. (Cadernos de Pesquisa, 5).

_____. Gestão social: uma perspectiva conceitual. *Revista de Administração Pública*, Rio de Janeiro: FGV, v. 32, n. 5, set./out. 1998.

_____ et al. *Elaboração de projetos comunitários:* uma abordagem prática. Rio de Janeiro: Cedac; São Paulo: Loyola, 1995.

_____ et al. Metodologias participativas, experiências em gestão pública e cidadania. In: ENCONTRO NACIONAL DA ASSOCIAÇÃO NACIONAL DE PÓS--GRADUAÇÃO EM ADMINISTRAÇÃO, 21. *Anais...* Angra dos Reis, 1997a.

_____ et al. *Gestão de Ongs:* principais funções gerenciais. Rio de Janeiro: FGV, 1997b.

_____ et al. *Gestão social:* metodologias e casos. Rio de Janeiro: FGV, 1998.

_____ et al. Parcerias em gestão social: uma experiência de organização para o desenvolvimento de comunidades. In: ENCONTRO NACIONAL DA ASSOCIAÇÃO NACIONAL DE PÓS-GRADUAÇÃO EM ADMINISTRAÇÃO, 22. *Anais...* Foz do Iguaçu, 1998.

CAPÍTULO 5

Gestão social: uma experiência de interação academia-sociedade*

> *Feliz aquele que
> transfere o que sabe e
> aprende o que ensina.*
> Cora Coralina

Introdução

A cidade do Rio de Janeiro enfrenta diversos problemas de ordem social para os quais a falta de políticas públicas bem-elaboradas e estruturadas faz com que as comunidades busquem formas alternativas de solução. Essa reação à inoperância do poder público concorre para o fortalecimento da parceria entre ambiente acadêmico e as comunidades.

Este capítulo apresenta um caso de processo ensino-aprendizagem em que ocorre uma troca de experiências entre o universo acadêmico e a sociedade, notadamente as comunidades periféricas do município do Rio de Janeiro.

Trata-se de uma experiência que é realizada há 16 anos, dentro do Programa de Estudos em Gestão Social (Pegs) da Escola Brasileira de Administração Pública e de Empresas da Fundação Getulio Vargas (Ebape/FGV), a partir da proposição de disponibilizar para os "movimentos sociais tecnologias gerenciais para melhorar sua capacidade de negociação com o Estado e com a sociedade de maneira geral" (Tenório, 2006:1145). Entre as diversas atividades do programa, são oferecidos os módulos de elaboração, administração e avaliação de projetos comunitários, construídos a partir da demanda identificada nas próprias comunidades e realizados anualmente, no segundo semestre, um módulo por vez, em um ciclo de três anos. Essa periodicidade está vinculada à oferta das

---

* Autores, em ordem alfabética: Ana Carla Prado da Silveira, Ana Cristina Valente Borges, Bruno Ferreira de Oliveira, Carlyle Tadeu Falcão de Oliveira, Claudio de Souza Osias, Cristiane Rezende, Glauco da Costa Knopp, Lucio Almirão Ferreira, Rafael Figueiredo de Castro Simão, Rodolfo Muanis Fernandes de Castro e Thaísa Restani Veras.

disciplinas "gestão social I" e "gestão social II" no Curso de Mestrado Acadêmico em Administração Pública da Ebape/FGV.

Este caso de ensino proporcionou aos mestrandos participantes, muitas vezes imersos nos conteúdos teóricos e distanciados da práxis social, uma oportunidade de aprendizado a partir dos saberes das comunidades com as quais interagiram, contribuindo para seu desenvolvimento como mestrandos, pesquisadores e futuros gestores de políticas públicas.

Neste capítulo, são apresentadas as estruturas dos módulos e os desafios encontrados pelos grupos de mestrandos que participaram do programa no período de 2004 a 2006, que corresponde a um ciclo completo dos cursos voltados à capacitação em gestão de projetos comunitários, sendo aqui enfatizadas as questões enfrentadas no último ano.

As atividades foram marcadas por desafios que contribuíram para o aprendizado e o enriquecimento prático e teórico de educandos e mestrandos (doravante identificados como educadores). Em 2006 esses desafios foram a inclusão de um grupo formado exclusivamente por adolescentes, em um ambiente cujo público é caracterizado por adultos na faixa de 35-50 anos, a participação de educandos que concluíam o ciclo do programa enquanto outros davam início a essa trajetória e a reestruturação metodológica e responsabilidade pela transferência de conteúdo relacionado ao tema de captação e mobilização de recursos. O desenvolvimento do tema foi assumido pelo grupo de educadores, em substituição a experiências passadas, nas quais possíveis financiadores traziam suas metodologias de ação.

Referencial teórico

O referencial teórico aqui apresentado foi adotado tanto na fase de preparação pedagógica quanto na experiência de interação academia-comunidade. A pedagogia emancipatória de Paulo Freire (2005), a filosofia de trabalho com comunidades de Clodovis Boff (1986), as formas de transferência de tecnologia social do Instituto de Tecnologia Social (ITS) e as técnicas de elaboração, administração e avaliação de projetos comunitários de Fernando G. Tenório (1995 e 2002) possibilitaram o delineamento de uma estrutura básica que orientou a equipe de educadores na construção de um espaço dialógico no processo ensino-aprendizagem.

Referencial pedagógico

Pedagogia emancipatória: o ensinamento de Freire

Em *Pedagogia da autonomia*, Freire (2005) propõe um conjunto de conhecimentos que visam à estruturação do processo ensino-aprendizagem. Para ele, a prática pedagógica deve ser fundada na ética, no respeito à dignidade e à própria liberdade do educando, e a prática docente é uma dimensão social da formação humana, pautada na visão da educação como forma de conscientização e emancipação do indivíduo. Para o autor a educação é também uma prática política — uma forma de intervenção no mundo.

A proposta pedagógica é educativa e dialética, em favor da autonomia dos educandos. Para o autor, ensinar não é transmitir conhecimento, mas criar possibilidades para sua produção ou construção. Por outro lado, aprender não é memorizar conteúdo: "formar é muito mais do que puramente treinar o educando no desempenho de destrezas".[1]

Ensinar exige aprender, é um processo bilateral, de troca de experiências e interdependência entre os atores envolvidos. "Ensinar inexiste sem aprender e vice-versa."[2] Freire também destaca a importância de os educadores estarem sempre atentos e respeitarem a identidade cultural dos educandos, sua visão de mundo, sua linguagem e seus saberes, os valores, hábitos e crenças construídos na realidade sociocultural de cada um, evitando, assim, um ensino autoritário, antidemocrático e elitista.

Uma preocupação recorrente na obra de Freire é fornecer caminhos alternativos para romper com a proposta (segundo o próprio autor) monológica, determinista, cínica e fatalista da ideologia neoliberal, que torna os indivíduos acríticos e desesperançosos, fazendo-os acreditar que são incapazes de transformar sua realidade.

Em busca de uma pedagogia emancipatória dos indivíduos, que os liberte da opressão da ignorância, o autor fornece os subsídios para a prática educativa da autonomia, por meio de:

☐ rigorosidade metódica;
☐ ensino e pesquisa;

---

[1] Freire, 2005:14.
[2] Ibid., p. 23.

- respeito aos saberes e à identidade cultural dos educandos;
- reflexão crítica da prática pedagógica;
- ética e estética;
- corporificação;
- respeito à autonomia do ser do educando;
- curiosidade;
- competência profissional e generosidade;
- disponibilidade para o diálogo;
- liberdade e autoridade;
- consciência do inacabado;
- alegria e esperança;
- bem-querer aos educandos;
- comprometimento e bom-senso.

A obra de Paulo Freire mostra que a educação é um ato dialógico libertador, que incorpora a dimensão existencial-afetiva e sociocultural dos educandos na prática pedagógica. Busca formar sujeitos autônomos e capazes de praticar uma solidariedade intersubjetiva, contribuindo para a formação da consciência coletiva transformadora e humanizadora da sociedade opressora.

Prática do trabalho comunitário: o ensinamento de Boff

Em sua metodologia de trabalho com comunidades populares, Boff (1986) analisa o desenvolvimento de atividades comunitárias por indivíduos que não pertencem às comunidades (os agentes externos), mas atuam com elas, e os desafios que devem superar para garantir que o trabalho fortaleça a posição da comunidade, valorizando seus saberes. Nessa lógica, é relevante que os agentes mantenham seus valores humanos e culturais, mas que se despojem das referências, dos interesses e da ideologia a eles vinculados, incorporando o olhar da comunidade.

O objetivo dessa ação é a transferência de conhecimentos e a construção de um processo no qual a comunidade possa atuar de maneira autônoma, sem intervenção do agente externo ou uso de suas habilidades políticas e técnicas. Nesse exercício, observam-se três etapas:

- inicialmente o agente trabalha para a comunidade, praticamente carregando-a e responsabilizando-se pelo trabalho;

- em um momento posterior ele trabalha com a comunidade, amparando-a, orientando-a e protegendo-a;

- finalmente, trabalha com a comunidade, posicionando-se apenas como um integrante do grupo, que neste ponto já se apropriou dos conhecimentos e atua de forma independente.

Na prática do trabalho comunitário, Boff também menciona quatro fatores fundamentais:

- conhecer o ambiente e as condições de vida da comunidade para adquirir consciência da realidade e poder de mobilização;

- trabalhar com as necessidades prementes e interesses vitais como forma de reconhecimento dos problemas reais e incentivos aos envolvidos;

- iniciar o trabalho a partir do que já foi construído pela comunidade — mesmo que sejam iniciativas ainda pouco estruturadas, elas podem ser avaliadas e revisadas, identificando-se erros no processo, suas causas e formas de corrigi-los; nesse momento, é importante também ter atenção às respostas que a comunidade tem para seus próprios problemas, pois é ela que melhor conhece sua realidade;

- existir uma liderança com capacidade de expressar os anseios da comunidade e mobilizá-la.

Para Boff, a metodologia para o trabalho comunitário deve passar por dois momentos: reflexão e ação. O momento de reflexão, de cunho essencialmente educativo, deve ser caracterizado pelo diálogo, pelo incentivo à reflexão conjunta, à participação de educador e educando, evitando o doutrinamento. O educador deve incitar o pensamento crítico, respeitando sempre o ritmo e a cultura do educando. Já no momento da ação, é fundamental encontrar um denominador comum entre as propostas que respondem aos anseios da comunidade e as que sejam efetivamente viáveis. Aprender com experiências bem-sucedidas e com os erros cometidos são formas de se acelerar o processo.

Na prática direta com a comunidade, Boff (1986:85-99) fornece algumas indicações, que chamou de metodologia da ação direta e dividiu-as em cinco etapas, discriminadas a seguir.

1. "Agir conjuntamente." O agente externo deve acompanhar as ações da comunidade, sem tomar a liderança para si nem agir sozinho. Deve participar junto com ela em todas as ações do processo de aprendizagem.
2. "Valorizar cada passo." Situar o problema dentro de um contexto social mais amplo e caminhar na sua mudança. A ação deve ser assumida pela comunidade, na qual se valorizam as pequenas vitórias e estas são consideradas degraus necessários para uma ascensão maior. Uma comunidade cresce a partir da solução de pequenos problemas.
3. "Articular os passos com o objetivo final", cujos traços podem ser ainda utópicos ou já políticos, mas sua definição depende do grau de crescimento da consciência da comunidade. As estratégias (linhas de ação) indicam o caminho para o objetivo final e as táticas são os passos concretos para se chegar aos objetivos. É preciso ter objetivos claros, firmeza nas estratégias e flexibilidade nas táticas e manter a ação orientada para o objetivo final. Na articulação do passo e do objetivo há uma ação material e um objetivo ideal.
4. "Somar forças", ou seja, multiplicar os grupos com o mesmo objetivo e, se possível, ligar-se a outros grupos comunitários (sindicais, religiosos, culturais etc.). Sempre tentar mobilizar todo o bairro ou município em ações coletivas de interesse comum, procurando envolver pessoas de outras classes e grupos que eventualmente tenham ficado à margem do processo.
5. "Formar animadores." São os coordenadores, e não os líderes, que trabalham com a comunidade. Deve-se evitar a primazia dos líderes sobre as bases para que esses animadores não se desliguem delas.

Às perspectivas pedagógicas de Freire (2005) e Boff (1986), alinha-se a ótica da gestão social proposta por Tenório (1998:151):

> o social é o espaço privilegiado de relações sociais onde todos têm direito à fala, sem nenhum tipo de coação (...) e a gestão social é um processo gerencial dialógico no qual a autoridade decisória é compartilhada entre os participantes da ação (ação que possa ocorrer em qualquer tipo de sistema social — público, privado ou de organizações não governamentais) objetivando a construção da cidadania, a partir da ótica da sociedade e da ótica do trabalho.

Tecnologia social: contribuições para interação academia-comunidade

Tecnologia social é entendida como o "conjunto de técnicas, metodologias transformadoras, desenvolvidas e/ou aplicadas na interação com a população e apropriadas por elas, que representam soluções para a inclusão social e melhoria das condições de vida".[3]

Segundo Luiz Gushiken,[4]

> falar em tecnologias sociais é abordar processos que, ao mesmo tempo, se inserem na mais moderna agenda do conhecimento e na mais antiga das intenções — a superação da pobreza. É falar do resultado concreto e inovador do trabalho de pessoas que resolveram problemas inspiradas pela sabedoria popular e com o auxílio de pesquisadores. É também falar de produtos de organizações da economia solidária que se inserem num circuito econômico cada vez mais significativo.[5]

A figura 1 apresenta quatro visões da tecnologia social, dividida em quatro quadrantes com dois eixos (vertical e horizontal). O eixo vertical (da neutralidade) apresenta no seu extremo superior a percepção que considera a tecnologia neutra, livre de valores econômicos, políticos, sociais ou morais; no extremo inferior, a perspectiva é condicionada por valores. No eixo horizontal (do determinismo), o extremo esquerdo apresenta a percepção da tecnologia autônoma; o direito, por sua vez, vê a tecnologia controlada pelo homem.

A combinação de cada uma das percepções extremas, agrupadas duas a duas, origina as visões explicadas na figura 1: instrumentalismo, determinismo, substantivismo e teoria crítica.

---

[3] Fundação Banco do Brasil, 2004:130.
[4] Ex-ministro-chefe da Secretaria de Comunicação de Governo e Gestão Estratégica da Presidência da República do primeiro governo Lula.
[5] Fundação Banco do Brasil, 2004:13.

Figura 1
Quatro visões sobre a tecnologia

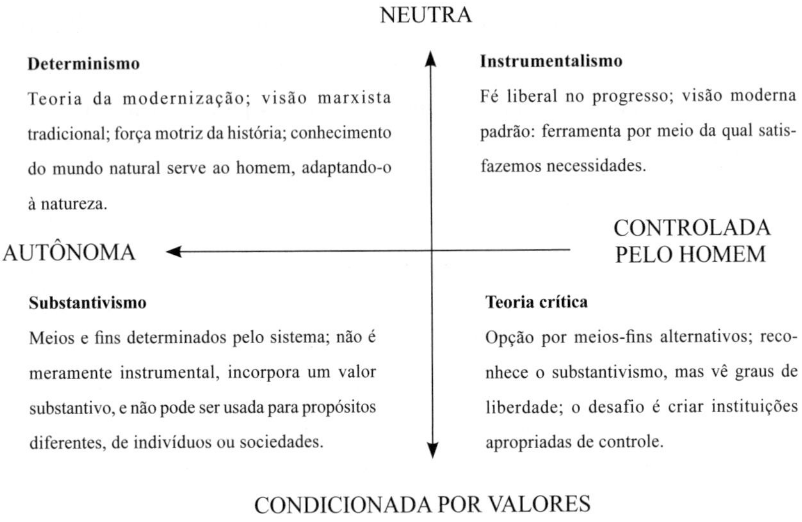

NEUTRA

Determinismo
Teoria da modernização; visão marxista tradicional; força motriz da história; conhecimento do mundo natural serve ao homem, adaptando-o à natureza.

AUTÔNOMA

Substantivismo
Meios e fins determinados pelo sistema; não é meramente instrumental, incorpora um valor substantivo, e não pode ser usada para propósitos diferentes, de indivíduos ou sociedades.

Instrumentalismo
Fé liberal no progresso; visão moderna padrão: ferramenta por meio da qual satisfazemos necessidades.

CONTROLADA PELO HOMEM

Teoria crítica
Opção por meios-fins alternativos; reconhece o substantivismo, mas vê graus de liberdade; o desafio é criar instituições apropriadas de controle.

CONDICIONADA POR VALORES

Fonte: Dagnino et al., 2004:48.

A tecnologia social desenvolvida no processo ensino-aprendizagem estaria bem próxima da visão da teoria crítica, visto que ela é condicionada por valores e controlada pelo homem, na busca de fins alternativos para a solução dos problemas encontrados em cada comunidade, reconhecendo o substantivismo de cada uma delas e criando suas próprias instituições para o desenvolvimento e controle dos projetos, com plena liberdade para a construção das soluções para os problemas apresentados.

Portanto, a transferência de tecnologia social necessita de ações dialógicas semelhantes às da pedagogia da autonomia pregada por Freire e "não pode ser pensada como algo que é feito num lugar e utilizado em outro, mas como um processo desenvolvido no lugar onde essa tecnologia vai ser utilizada, pelos atores que vão utilizá-la".[6]

Uma forma de tecnologia social que pode ser desenvolvida e estimulada é a elaboração de projetos comunitários pelos próprios atores que vivenciam uma dada realidade. Esses projetos, uma vez que sejam elaborados pela e para

---

[6] Dagnino et al., 2004:57.

a comunidade, levando-se em conta as necessidades e demandas específicas daquele contexto, identificadas por quem com elas convive, tornam-se instrumentos importantes para que as pessoas se tornem sujeitos sociais e busquem transformar as condições de seu ambiente.

Referencial técnico-prático

Elaboração de projetos comunitários

Projeto comunitário pode ser definido como um conjunto de atividades organizadas em ações concretas, com o objetivo de atender às necessidades identificadas por uma comunidade. A elaboração de projetos está dividida em quatro etapas: identificação, viabilidade, projeto e análise.[7]

IDENTIFICAÇÃO

A partir da constatação da existência de problemas em uma comunidade, são identificadas as necessidades que poderão ser atendidas por meio da implantação de projetos.

> O projeto deve ter uma estratégia de ação na qual a comunidade deixe de ser o sujeito passivo para ser o sujeito determinante do processo de transformação de sua condição socioeconômica e política. O projeto só alcançará resultados positivos se a população a ser beneficiada se envolver em todas as etapas de sua elaboração.[8]

Segundo Tenório (2002), as atividades a serem desenvolvidas nesta etapa são:

- levantar dados e informações preliminares, a fim de caracterizar o problema a ser estudado;
- especificar a área na qual o projeto será realizado;
- identificar a importância das necessidades a serem atendidas dentro da área especificada;

---

[7] Tenório, 2002.
[8] Ibid., p. 18.

- definir os objetivos a serem alcançados;
- identificar os beneficiários do projeto;
- identificar os recursos necessários (financeiros, humanos, materiais e tecnológicos).

VIABILIDADE

Nesta etapa, deve-se identificar qual das alternativas levantadas anteriormente será mais viável sob os aspectos técnico, econômico, financeiro, gerencial, social e ecológico, conforme o quadro 1.

Quadro 1
Tipos de viabilidade

Viabilidade	Descrição
Técnica	Verificar se as tecnologias escolhidas serão adequadas em relação aos recursos aplicados e resultados possíveis de ser alcançados.
Econômica	Verificar se os recursos naturais, humanos e materiais existentes atenderão às necessidades do projeto.
Financeira	Verificar a viabilidade das despesas realizadas durante a execução do projeto.
Gerencial	Verificar a adequação dos aspectos legais e técnicos da administração do projeto.
Social	Verificar as consequências sociais resultantes da implantação do projeto.
Ecológica	Verificar as consequências do projeto para a proteção do meio ambiente.

PROJETO

Esta etapa consiste na descrição do conteúdo que deverá constar no documento a ser apresentado sob a forma de projeto. Nele estão explicitados:

- diagnóstico — análise da área em que o projeto será implantado, com informações sobre aspectos socioeconômicos e outros dados relevantes;
- beneficiários — o público do projeto;

- objetivos gerais e específicos;
- justificativa — relevância do projeto em relação aos problemas identificados;
- programação das atividades;
- descrição da metodologia de ação;
- identificação de órgãos e instituições financiadores ou apoiadores;
- programação orçamentária dos recursos financeiros, humanos, materiais e tecnológicos;
- administração do projeto;
- metodologia de acompanhamento;
- anexos, quando necessários.

ANÁLISE

É a última etapa do projeto em elaboração e visa a examinar se a proposta será capaz de atender à ideia ou ao problema originalmente identificados.

O quadro 2 apresenta a estrutura adotada no Módulo de Elaboração de Projetos Comunitários.

Quadro 2
Estrutura do Módulo de Elaboração de Projetos Comunitários

Encontro inaugural	Apresentação da proposta do curso e esclarecimentos gerais
Identificação e viabilidade (Duração de dois encontros)	Exposição do conteúdo teórico Apresentação de trabalhos e discussão crítica
Projeto (Duração de seis encontros)	Exposição do conteúdo teórico Realização de exercícios Apresentação de trabalhos e discussão crítica
Captação de recursos (Duração de um encontro)	Exposição do conteúdo teórico
Análise/Revisão geral (Duração de um encontro)	Consolidação dos projetos comunitários e preparação das apresentações a serem utilizadas na cerimônia de entrega de certificados e encerramento do curso
	Encerramento e entrega dos certificados de participação

Administração de projetos comunitários

A administração de projetos comunitários envolve três funções básicas: administração de recursos humanos, administração de recursos materiais e administração de recursos financeiros (Tenório, 1995). A administração desses recursos pode ser definida como um conjunto de atividades que manejam de forma integrada essas três funções presentes em qualquer projeto, visando ao interesse comunitário.

ADMINISTRAÇÃO DE RECURSOS HUMANOS

Importantes em qualquer empreendimento, os recursos humanos têm um papel fundamental e decisivo em projetos comunitários, "pois são as pessoas, por meio de seu trabalho e esforço, que viabilizam as atividades comunitárias".[9]

Identificar e selecionar os participantes com perfil mais adequado ao trabalho a ser desenvolvido, definir a função que cada um executará no projeto, treiná-los, incentivá-los, remunerá-los e administrar os seus desempenhos representam o conjunto de procedimentos e técnicas relacionados com as funções de planejamento, recrutamento, seleção, descrição de funções, treinamento, remuneração e análise de desempenho da administração de recursos humanos. Exceções quanto à remuneração ocorrem quando o projeto trabalha com voluntários. Nem por isso as demais funções deixarão de ser contempladas.

ADMINISTRAÇÃO DE RECURSOS MATERIAIS

Assegurar a disponibilidade permanente dos materiais necessários ao projeto é o principal objetivo da administração de material. Para tal, se faz necessário controlar o consumo, a necessidade, a aquisição, a armazenagem e a distribuição dos diversos tipos de objetos, máquinas, equipamentos, móveis, alimentos etc., indispensáveis ao funcionamento do empreendimento.

Mapas de controle de materiais de consumo, fichas de controle de entrada e saída de material durável, inventários anuais de materiais duráveis, controles de estoques, pedidos de compra e cadastro de fornecedores são alguns dos instrumentos e atividades necessários ao atendimento das demandas que ocorrem ao longo da vida do projeto.

---

[9] Tenório, 1995:76.

Administração de Recursos Financeiros

"Contratar pessoas, comprar materiais, vender produtos ou serviços, receber repasses das instituições financiadoras ou ainda receber contribuições da comunidade, tudo isso envolve dinheiro e como consequência deverá ser administrado"[10] a fim de que sejam alcançados os objetivos do projeto.

Prever e acompanhar os créditos recebidos e os desembolsos realizados para viabilizar a continuidade do projeto são atividades que devem ser apoiadas por instrumentos de gestão financeira, tais como orçamento, livro-caixa, fluxo de caixa e prestação de contas, que facilitam e dão transparências aos resultados financeiros do projeto para a comunidade.

O quadro 3 apresenta a estrutura adotada no módulo de administração de projetos comunitários.

Quadro 3
Estrutura do Módulo de Administração de Projetos Comunitários

Aula inaugural	Apresentação da proposta do curso e esclarecimentos gerais
Módulo de recursos humanos (Duração de três aulas)	Exposição do conteúdo teórico Realização de exercícios e elaboração dos projetos Apresentação de trabalhos e discussão crítica
Módulo de recursos materiais (Duração de três aulas)	Exposição do conteúdo teórico Realização de exercícios e elaboração dos projetos Apresentação de trabalhos e discussão crítica
Módulo de recursos financeiros (Duração de três aulas)	Exposição do conteúdo teórico Realização de exercícios e elaboração dos projetos Apresentação de trabalhos e discussão crítica
Revisão geral	Consolidação do plano de administração de projetos comunitários, seleção dos dois projetos a serem apresentados na cerimônia de entrega de certificados e encerramento do curso
	Encerramento e entrega dos certificados de participação

---

[10] Tenório, 1995:65.

Avaliação de projetos comunitários

"Vemos a avaliação de projetos como um processo de interação social no qual os diferentes atores (população beneficiada, agentes comunitários, financiadores etc.) negociam os saberes, isto é, colocam-nos 'sobre a mesa' visando ao bem comum da comunidade."[11]

Antes do projeto, discute-se o futuro; durante, o presente; e depois, as ações realizadas — o passado. São momentos que correspondem, respectivamente, às etapas do processo de avaliação: análise, acompanhamento e avaliação final.

Análise

É realizada ao término do processo de elaboração do projeto, analisando-se o que irá acontecer no futuro. Etapa normalmente realizada por quem irá apoiar ou financiar o projeto.

Acompanhamento

É realizado durante a execução do projeto, controlando-se o que está acontecendo no presente a fim de verificar se as atividades programadas estão sendo implantadas como foi planejado.

Avaliação final

É a última etapa no processo de avaliação de projetos, promovendo-se uma revisão das atividades realizadas (passado) para verificar se os objetivos planejados foram alcançados e os problemas identificados foram resolvidos.

O quadro 4 apresenta a estrutura adotada no Módulo de Avaliação de Projetos Comunitários.

Quadro 4
Estrutura do Módulo de Avaliação de Projetos Comunitários

Aula inaugural	Apresentação da proposta do curso e esclarecimentos gerais
Análise (Duração de três aulas)	Exposição do conteúdo teórico Realização de exercícios de análise dos projetos Apresentação de trabalhos e discussão crítica

Continua

---

[11] Tenório, 2003:17.

Acompanhamento (Duração de três aulas)	Exposição do conteúdo teórico Realização de exercícios de acompanhamento dos projetos Apresentação de trabalhos e discussão crítica
Avaliação final (Duração de três aulas)	Exposição do conteúdo teórico Realização de exercícios e avaliação final dos projetos Apresentação de trabalhos e discussão crítica
Revisão geral	Consolidação do plano de avaliação de projetos comunitários, seleção dos projetos a serem apresentados na cerimônia de entrega de certificados e encerramento do curso
Encerramento e entrega dos certificados de participação	

A experiência de interação academia-comunidade

Estruturação da metodologia de ensino

A fase de interação entre os alunos do curso de mestrado da Ebape/FGV e a comunidade foi precedida por uma etapa preparatória, em que os educadores aprofundaram seus conhecimentos teóricos, visando à preparação do método de ensino que seria utilizado na etapa seguinte. A base teórica foi constituída de conceitos e práticas de educação, pesquisa-ação, tecnologia social e gestão de projetos comunitários.

Os participantes do grupo de educadores se organizaram em duplas, com o objetivo de elaborar o conteúdo que foi trabalhado durante os encontros teóricos, e monitoraram as tarefas práticas, levando em consideração o método de trabalho proposto por Boff (1986), baseado no processo reflexão-ação.

O conteúdo dos encontros teóricos consistiu em técnicas de gestão de projetos, enquanto os encontros práticos voltaram-se para a realização de tarefas que auxiliariam na construção dos projetos. Para adequar o conteúdo à forma, como propõe Boff (1986), estabeleceu-se que os encontros deveriam ser caracterizados pelo processo dialógico, no qual a responsabilidade dos educadores era incitar perguntas dos educandos e com eles aprender sobre seu ambiente, sua realidade e suas necessidades. Ao estruturar as sessões, o grupo de educadores procurou, também, aproximar a linguagem acadêmica da linguagem cotidiana.

A linguagem é um recurso de poder, é um modo de ação sobre a outra pessoa. Trata-se de um instrumento de ação social, relacional. Assim, uma opressão por meio da linguagem é possível. Por isso reconheceu-se como importante que os educadores adotassem uma atitude e uma linguagem em interação com os educandos, que não reproduzisse uma relação hierárquica e opressora.

Por fim, com o objetivo de refletir sobre a prática pedagógica e propor possíveis melhorias e adequações metodológicas, conforme fossem detectadas dificuldades no processo ensino-aprendizagem, o grupo de educadores decidiu que essas seriam discutidas em reuniões realizadas após cada encontro.

Resultados do trabalho (2004-2006)

As atividades realizadas ao longo dos cursos permitiram a obtenção de resultados em duas áreas: o desenvolvimento de projetos comunitários que buscam suprir as demandas locais; a transferência de tecnologia social e a relação entre o meio acadêmico e a comunidade.

Projetos desenvolvidos

Os projetos desenvolvidos ao longo dos cursos refletem, em sua maioria, demandas sociais e econômicas dos bairros nos quais seus participantes vivem. Mesmo sendo de diversas regiões do município — zonas Oeste, Norte e Centro, conforme pode ser visto na figura 2 —, todos os projetos são fundamentados em carências semelhantes, como dificuldades de acesso à educação, cultura e oportunidades de profissionalização e saúde, além do desemprego e baixo nível de renda.

Assim, os projetos elaborados podem ser agrupados em duas áreas básicas:

☐ assistência e desenvolvimento social, que engloba os programas de apoio a centros sociais, de alfabetização para a terceira idade e de capacitação profissional;

☐ geração de ocupação e renda, que abrange os projetos que lidam com o artesanato e cooperativas produtivas e que buscam a comercialização dos trabalhos produzidos.

Tais projetos e suas principais características estão sintetizados no quadro 5.

Figura 2
Localização dos projetos

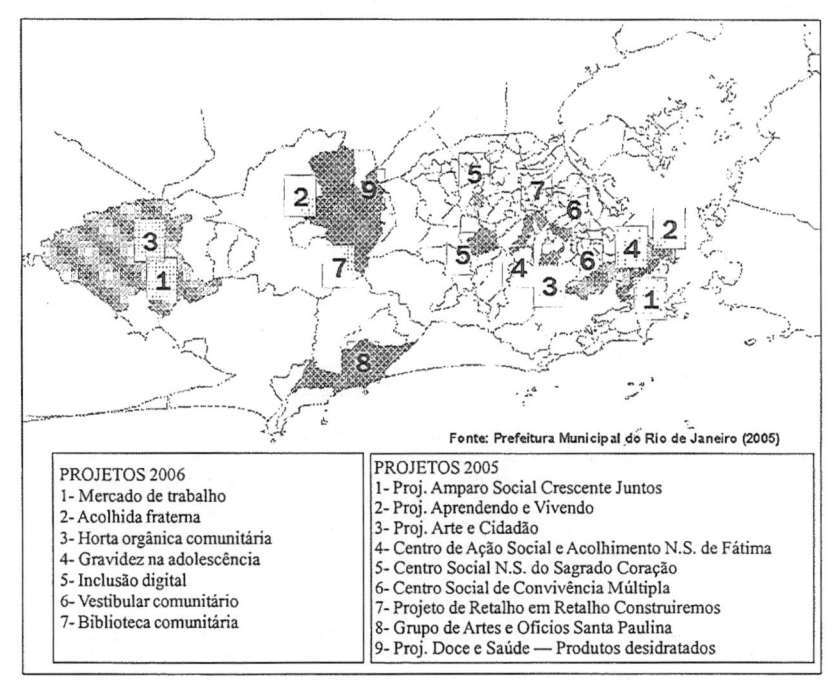

Fonte: Prefeitura Municipal do Rio de Janeiro (2005)

PROJETOS 2006	PROJETOS 2005
1- Mercado de trabalho	1- Proj. Amparo Social Crescente Juntos
2- Acolhida fraterna	2- Proj. Aprendendo e Vivendo
3- Horta orgânica comunitária	3- Proj. Arte e Cidadão
4- Gravidez na adolescência	4- Centro de Ação Social e Acolhimento N.S. de Fátima
5- Inclusão digital	5- Centro Social N.S. do Sagrado Coração
6- Vestibular comunitário	6- Centro Social de Convivência Múltipla
7- Biblioteca comunitária	7- Projeto de Retalho em Retalho Construiremos
	8- Grupo de Artes e Ofícios Santa Paulina
	9- Proj. Doce e Saúde — Produtos desidratados

Fonte: Prefeitura Municipal do Rio de Janeiro (2005)

Quadro 5
Projetos desenvolvidos durante os módulos (2004-2006)

Projetos	Objetivo	Público-alvo	Atividades	Dificuldades
Assistência e desenvolvimento social				
2004/2005				
Amparo Social Crescendo Juntos	Atender as pessoas carentes do bairro	Pessoas que necessitam de alimentação imediata ou curso para que possam desenvolver o seu potencial profissional	Acolhimento, grupo jovem, donativos, cursos de geração de renda, palestras educativas e encontros sociais	Doações e trabalho voluntário

Continua

Projetos	Objetivo	Público-alvo	Atividades	Dificuldades
Aprendendo e Vivendo	Oferecer alfabetização e atividades culturais para a terceira idade	Terceira idade	Alfabetização para adultos, palestras de desenvolvimento cultural e social, passeios culturais e educativos, oficinas de trabalho, confraternizações para desenvolvimento da solidariedade	Financiamento para o desenvolvimento do projeto
Arte e Cidadão	Oferecer complementação de escolaridade e oportunidades de aprendizado para geração de renda	Adultos da comunidade sem ocupação ou vivendo em situação de risco social	Oficinas de tecido e linha, reciclagem de materiais, técnicas de pátina e de tecido, turmas de alfabetização e ensino fundamental em horários alternativos	Doações e trabalho voluntário
Centro de Ação Social e Acolhimento N. S. de Fátima da Paróquia Divino Salvador	Atender a população carente	Pessoas carentes da paróquia e comunidade	Atendimento assistencial jurídico, médico, odontológico, fisioterápico e acolhimento	Doações e trabalho voluntário
Centro Social N. S. do Sagrado Coração	Atender a comunidade carente e desenvolver o espírito comunitário	Moradores da comunidade	Oferecer atendimento médico, odontológico e de assistência social	Doações e trabalho voluntário
Centro Social de Convivência Múltipla	Oferecer oportunidades de desenvolvimento profissional	Crianças e jovens, moradores da comunidade e interessados em artesanato e/ou informática	Aulas para as séries iniciais do ensino fundamental, aulas de informática e de artesanato	Financiamento para o desenvolvimento do projeto

2006

Acolhida Fraterna	Oferecer abrigo, jantar e café da manhã para pessoas que pernoitam nas ruas do Centro do Rio de Janeiro	Pessoas que trabalham no Centro do Rio de Janeiro durante a semana e dormem nas ruas em virtude da distância e do alto custo do transporte	Reformar uma casa no Centro do Rio e transformá-la num abrigo que possa oferecer jantar, pernoite e café da manhã	Financiamento para o desenvolvimento do projeto

Continua

GESTÃO SOCIAL: UMA EXPERIÊNCIA DE INTERAÇÃO ACADEMIA-SOCIEDADE   121

Projetos	Objetivo	Público-alvo	Atividades	Dificuldades
Gravidez na adolescência	Prevenir e conscientizar os jovens sobre a gravidez na adolescência	Jovens da comunidade	Palestras, atividades culturais e distribuição de preservativos	Envolvimento do grupo com a proposta metodológica
Inclusão digital	Oferecer oportunidades de inclusão digital por meio de aulas de informática	Pessoas da comunidade sem acesso à informática	Construção de um centro para o ensino de informática	Financiamento para o desenvolvimento do projeto
Vestibular comunitário	Oferecer um curso vestibular gratuito	Pessoas da comunidade interessadas em ingressar no ensino superior	Montar um curso vestibular comunitário	Financiamento para o desenvolvimento do projeto
Biblioteca comunitária	Oferecer acesso a livros e incentivar a leitura na comunidade	Pessoas da comunidade	Montar uma biblioteca comunitária	Local para implementação da biblioteca

Geração de ocupação e renda				
2004/2005				
De Retalho em Retalho Construiremos	Proporcionar um espaço para disseminação de aprendizado e geração de renda	Pessoas da comunidade	Cursos de artesanato em geral e culinária, prestação de serviços de costura e venda de produtos confeccionados	Financiamento para o desenvolvimento do projeto
Grupo de Artes e Ofícios Santa Paulina	Gerar renda, profissionalizando pessoas que não tenham conhecimentos básicos para iniciar uma atividade remunerada	Pessoas da comunidade	Cursos de artesanato, encaminhamento para assistência social e venda dos trabalhos produzidos	Trabalho voluntário e financiamento
Doce e Saúde — Produtos Desidratados	Oferecer geração de renda e ocupação através de ações educativas para o trabalho em conjunto	Mulheres da comunidade	Produção de alimentos desidratados; embalagem, divulgação e venda, além de cursos sobre o trabalho realizado	Parcerias e financiamento para o desenvolvimento do projeto

Continua

Projetos	Objetivo	Público-alvo	Atividades	Dificuldades
2006				
Horta orgânica comunitária	Oferecer ocupação aos jovens e adultos marginalizados e melhorar a alimentação e renda da comunidade	Pessoas da comunidade	Construção de uma horta orgânica comunitária	Parcerias e financiamento para o desenvolvimento do projeto
Artesanato	Capacitar a comunidade de baixa renda pelo artesanato, reduzindo o desemprego e melhorando a renda da comunidade	Pessoas da comunidade	Oferecer aulas de artesanato na comunidade	Financiamento para o desenvolvimento do projeto

A experiência de 2006: cenário e desafios[12]

O Módulo de Elaboração de Projetos Comunitários concretizou-se, após a etapa preparatória, em 12 encontros realizados de setembro a dezembro de 2006, nas instalações da Cáritas Arquidiocesana do Rio de Janeiro, localizadas na Catedral Metropolitana do Rio de Janeiro. Os encontros foram assim distribuídos:

- um encontro inaugural que teve como objetivos a integração dos educandos e a apresentação dos problemas que enfrentavam, a fim de possibilitar a formação de grupos e a escolha dos projetos que seriam desenvolvidos ao longo da experiência didático-pedagógica; a apresentação dos educadores e da metodologia que seria empregada no decorrer das experiências, bem como dos aspectos administrativos (horários, presença, tarefas etc.) a serem observados;

- cinco encontros teóricos abordando os diversos temas que integram as quatro etapas apresentadas (quadro 2) e que constituem o processo de elaboração

---

[12] Dadas as dimensões deste capítulo, aqui descreveremos apenas duas experiências do ano de 2006 que guardam semelhança com aquelas de 2004 e 2005.

de projetos comunitários, comuns a todos os educandos. Os encontros foram conduzidos por educadores que desenvolveram os conteúdos específicos de cada uma das etapas e um último encontro voltado para o tema "captação de recursos";

- quatro encontros práticos, intercalados com os teóricos, para revisão e aperfeiçoamento das tarefas propostas, representando o desenvolvimento das partes específicas de cada projeto que estava sendo elaborado com base na problemática escolhida. Cada grupo foi acompanhado por uma dupla de educadores que monitoraram e assessoraram a construção do projeto passo a passo, em consonância com os conteúdos teóricos apresentados anteriormente. Nesse processo, em vários momentos, os educandos apresentavam e compartilhavam seus resultados e dificuldades com os demais subgrupos, a fim de que a troca de experiência minimizasse os obstáculos enfrentados e maximizasse esta experiência coletiva;

- um encontro voltado para a revisão dos projetos, a troca de experiências entre as turmas e os ajustes finais dos documentos;

- um encontro de encerramento, no qual cada grupo fez a apresentação de seu projeto para todos os participantes e convidados. O produto final foi um projeto elaborado e pronto para ser submetido à comunidade, possíveis patrocinadores e outros atores e instâncias que poderiam contribuir para sua implementação.

No primeiro encontro os participantes se dividiram em grupos de cinco a sete membros, reunidos por afinidade tanto de local (pessoas da mesma comunidade ou paróquia) quanto de projetos (pessoas que já buscavam desenvolver algo semelhante).

O diálogo inicial dentro de cada grupo visava conhecer as dificuldades e demandas das comunidades para que fossem identificados os problemas mais urgentes a serem atendidos. A partir desse diálogo, estabeleceu-se o consenso no grupo para a escolha do tema do projeto.

Desta forma, identificado o problema e a ação para solucioná-lo, foram determinados os sete projetos a serem desenvolvidos ao longo do processo ensino-aprendizagem, conforme o quadro 6.

Quadro 6
Projetos elaborados pelos participantes

O problema	Ação	Tema do projeto	Local
Desemprego e baixa renda da comunidade	Capacitação por meio do artesanato	Mercado de trabalho	Cesarão, Santa Cruz
Pessoas que pernoitam nas ruas do Centro do Rio	Criação de um hotel popular para pernoite	Acolhida fraterna	Lapa e Centro
Desemprego, baixa renda, violência e má alimentação	Construção de uma horta orgânica	Horta orgânica comunitária	Barro Vermelho e Urucânia, Santa Cruz
Gravidez precoce	Prevenção e conscientização sobre a gravidez na adolescência	Gravidez na adolescência	Turano
Exclusão digital	Construção de um centro para ensino de informática	Inclusão digital	Santa Paulina, Bento Ribeiro
Dificuldade de acesso à universidade	Implantação de um curso pré-vestibular comunitário	Vestibular comunitário	Salgueiro
Dificuldade de acesso a livros	Criação de uma biblioteca comunitária	Biblioteca comunitária	Pilares

É importante ressaltar que o quadro 6 apresenta o problema final trabalhado pelos grupos. Alguns grupos demandaram mais tempo para definir o tema do projeto, modificando-o ao longo do processo.

A participação dos educadores foi marcada por uma troca de experiências e saberes com os grupos de trabalho e baseadas no diálogo, no respeito dos monitores à forma de pensar e se expressar dos integrantes e pelo estímulo à crítica e autonomia de pensamento dos educandos. Foi constante a preocupação dos educadores com a participação de todos nas discussões e a tomada de decisão baseada no consenso.

Como todo processo democrático, a experiência foi marcada por dificuldades e conflitos, contornados pelo próprio grupo (incluindo os educadores) com maior ou menor êxito. Boa parte das dificuldades encontradas pelos educadores e monitores na relação com o grupo diz respeito principalmente à forma de passar o conteúdo e se fazer entender — tanto no planejamento didático dos encontros, quanto na linguagem empregada no dia a dia. Sair do universo acadêmico, marcado por uma linguagem técnica, hermética e de difícil compreensão para o contato com a realidade vivida (o mundo "lá fora") é um desafio que se impõe aos docentes--discentes, pesquisadores e teóricos. Trabalhar com o universo popular é prazeroso e estimulante, mas também tem muitas dificuldades.

O que a experiência mostrou foi que a prática pedagógica baseada no diálogo, visando estimular o espírito crítico e a autonomia do educando e respeitando sua identidade cultural — ideais pregados por Paulo Freire —, é mais trabalhosa que o "ensino bancário", de simples transferência de conhecimentos do professor autoritário-castrador para o aluno-depósito. Construir e praticar uma pedagogia da autonomia requer rigor, comprometimento, amorosidade e respeito de ambas as partes e o reconhecimento de que ensinar e aprender são processos inseparáveis e que cada indivíduo é agente responsável por si.

Perfil do público participante

O público participante foi, na maioria, formado por membros das comunidades identificadas e indicadas pelo padre ou chefe pastoral de suas respectivas paróquias. Em 2006, inscreveram-se 54 pessoas, das quais 43 concluíram o curso. Ressalta--se que, em função da experiência didática ao longo de 16 anos desse programa, muitas pessoas tomam conhecimento do curso se inscrevendo proativamente. As demais são informadas por meio de comunicados em suas paróquias.

O grupo dos educandos é formado, historicamente, por pessoas entre 35 e 50 anos, envolvidas em ações sociais nas comunidades ou buscando meios para começar a realizá-las. A maioria possui o ensino médio; entretanto, alguns participantes têm curso superior completo. Como destaca Boff (1986), deve-se partir do conhecimento existente na comunidade e respeitar a capacidade de aprendizagem dos alunos, de forma que a experiência prática dos educandos contribua para o processo de ensino-aprendizagem.

Em 2006, participou do curso um grupo de sete adolescentes da comunidade do Turano, no Rio de Janeiro, que buscava desenvolver um projeto de conscientização sobre a gravidez na adolescência. Com isso, o perfil dos integrantes tornou-se mais abrangente, englobando desde adolescentes até pessoas da terceira idade.

Experiências de destaque

Entre os grupos formados, vale destacar duas experiências: uma pela composição do grupo, constituído de adolescentes, e outra pela criação de intercâmbio entre duas comunidades diferentes. Também merecem destaque a reestruturação metodológica e a apresentação do tema captação e mobilização de recursos.

Gravidez na adolescência

O grupo de adolescentes, uma novidade nos 16 anos da experiência, provocou, no decorrer do processo, uma reflexão sobre a metodologia utilizada. O grupo era formado inicialmente por seis moças e um rapaz, a maioria residente no Turano, local onde o projeto seria implementado, o que, teoricamente, facilitava o trabalho.

O grupo trouxe a ideia do projeto definida: a prevenção da gravidez na adolescência, tendo como público os jovens de 10 a 17 anos, moradores da comunidade do Turano.

No início os integrantes passavam a ideia de que o projeto estava semiestruturado e bastante adiantado, que bastava redigi-lo, reforçando que o local onde seriam ministradas as palestras para os jovens havia sido cedido, que todo o material necessário para a implementação do projeto tinha sido arrecadado e que eles tinham todo o apoio necessário na paróquia local.

Na primeira atividade o grupo apresentou um material muito bom, surpreendendo positivamente os monitores, quase todo produzido por uma das integrantes. Infelizmente, no quarto encontro, essa participante teve de abandonar o módulo e tanto a qualidade dos trabalhos quanto o interesse dos participantes diminuiu consideravelmente. Na ausência da pessoa mais proativa da equipe o trabalho ficou prejudicado e, no transcorrer do módulo, os demais integrantes pareciam não saber ao certo o que estava sendo feito.

Observou-se também a falta de assiduidade: atrasos constantes e faltas além do permitido corroboraram para o não acompanhamento e baixo aproveitamento dos encontros conduzidos pelos educadores.

Entre as dificuldades enfrentadas, a maior talvez tenha sido a estruturação do orçamento do projeto: o grupo alegava que já dispunha de todo o material de que precisava e não via necessidade de preparar um orçamento, considerando que não pediria patrocínio para nenhuma empresa ou ONG.

Em um dos últimos encontros, tendo em vista o atraso do grupo no desenvolvimento do projeto, outra integrante assumiu a responsabilidade de finalizá-lo. Os monitores do grupo destacaram a dificuldade dessa integrante para compreender o projeto como um todo e o desafio que ela enfrentou para concluí-lo na data estipulada. Além disso, descobriu-se que essa integrante era, na verdade, coordenadora do grupo e responsável por ele. Essa informação surpreendeu os monitores que acompanharam a equipe, pois em momento algum ela se portou como líder, buscando assumir responsabilidades, orientar e distribuir as tarefas.

É importante ressaltar que apenas quatro adolescentes concluíram o módulo, todas meninas. Os monitores consideraram que o resultado do trabalho final foi razoável.

Essa experiência deixou algumas perguntas sobre a metodologia adotada: teria ela facilitado a evasão, visto que a dinâmica do jovem hoje é a da velocidade multimídia? Seria ela adequada e/ou recomendada para este tipo de participante? É possível criar um ritmo de ensino capaz de manter tanto jovens quanto adultos atentos?

Além dessas, outras questões também foram colocadas pelos monitores. Teria o tema escolhido causado inibição nos participantes e desestimulado a participação? Qual a influência da falta de experiência/vivência pessoal, em relação aos demais educandos, no tratamento e na apresentação de seus trabalhos e na motivação do grupo?

Para a equipe de educadores coube ainda uma reflexão sobre a experiência de ter um grupo formado por adolescentes, que se distingue do público padrão do processo de ensino-aprendizagem, e as questões intrínsecas a essa faixa etária: maturidade para enfrentar de forma organizada e estruturada a demanda apresentada; responsabilidade para estabelecer metas e compromissos; uma ação ativa, participativa e cooperativa, evidenciando, em contraponto, a falta de estímulo e oportunidades de ter esse tipo de atitude. Havia maturidade e plena consciência dos integrantes para tal?

Não obstante os percalços enfrentados, a experiência com o grupo de adolescentes foi estimuladora e reforça a possibilidade de incorporar esse público em programas como este, permitindo não só seu treinamento precoce em técnicas de elaboração de projetos, como também um olhar mais crítico sobre os problemas comunitários e as oportunidades de sua ação/participação na solução dos mesmos.

Horta orgânica

O grupo que alcançou maior sucesso nos resultados foi o da horta orgânica, formado por pessoas que participaram anteriormente dos outros dois módulos: Administração de Projetos Comunitários (2004) e Avaliação de Projetos Comunitários (2005). A equipe procurou integrar ações implementadas no projeto

Doce e Saúde, de produção de doces desidratados, desenvolvido nos módulos anteriores pelo grupo, com a ideia da construção da horta orgânica. O ponto de ligação entre os projetos é a utilização do lixo gerado na produção das frutas desidratadas como adubo para a horta orgânica. Um dos fatores inovadores do projeto foi o intercâmbio proposto entre duas comunidades que trabalharam em conjunto na iniciativa das frutas. Nessa relação de troca, Doce e Saúde, desenvolvido na comunidade de Vila Kennedy, em Bangu, agora forneceria insumo, o adubo orgânico, para as comunidades do Barro Vermelho e de Urucânia, situadas nas proximidades de Santa Cruz e Piedade, respectivamente, na cidade do Rio de Janeiro. A integração dos grupos ultrapassou as fronteiras da experiência didático-pedagógica, bem como as geográficas e as temporais (duração dos encontros), e ganhou continuidade na busca por soluções de problemas comuns às comunidades. A teoria ganhava a prática e vice-versa. Os participantes também vislumbraram a possibilidade de a horta fornecer insumo para a empresa de frutas e doces desidratados, criando um ciclo contínuo de parceria e realimentação entre os projetos.

O grande diferencial desse grupo foi a liderança exercida por uma das participantes, que já havia realizado os outros dois módulos do programa: era uma das mais determinadas a fazer as coisas acontecerem na prática. Questionadora, comparava com frequência a teoria com a realidade em que vivia, distribuía as tarefas para cada integrante e se responsabilizava por agrupar as informações recolhidas para compor o projeto. Enquanto o projeto era elaborado, alguns participantes avançavam na implementação de certas ações previstas. Ao fim do módulo, o projeto da horta orgânica comunitária contava com um documento de cessão de um terreno para sua implantação.

Captação e mobilização de recursos

Este tema anteriormente era apresentado ao final do Módulo de Elaboração de Projetos Comunitários, na forma de uma palestra na qual organizações financiadoras de projetos apresentavam seus requisitos e condições para liberação de recursos. Esta situação acabava gerando competição entre elas e desvirtuando a prática de ensino-aprendizagem.

Em 2006 os educadores passaram a assumir a apresentação do tema, orientando os alunos na condução de processos de captação e mobilização de recursos, a partir dos projetos elaborados no decorrer do curso.

A abertura do encontro foi um convite à definição do significado de recurso, provocando nos educandos uma reflexão sobre a abrangência e a variedade de recursos que podem ser captados e mobilizados, visando conscientizá-los de que o tema não se limita a ativos financeiros, mas inclui também a mobilização de pessoas, conhecimentos, materiais, ferramentas e técnicas, entre várias possibilidades.

A exposição foi estruturada em cinco etapas, que abordaram os tópicos e conteúdos descritos no quadro 7.

Quadro 7
Etapas de apresentação do tema "captação e mobilização de recursos"

Etapa	Conteúdo
1. Como mobilizar recursos	□ Considerar e analisar as possibilidades de recursos existentes no local, na própria comunidade
	□ Criar pontes e construir parcerias com todos os setores, considerando o público, o privado, os indivíduos e instituições diversas
	□ Fazer uso de inovação e criatividade, idealizando novos produtos e serviços e envolvendo voluntários para a transferência de conhecimento
	□ Envolver todas as pessoas que trabalham no projeto, pois a captação e mobilização de recursos deve ser um esforço coletivo
2. O que é necessário para mobilizar recursos	□ Identificar necessidades da organização ou do projeto que não sejam supridas pela equipe
	□ Identificar recursos que sejam compatíveis com a natureza do projeto e suas necessidades
	□ Saber escolher os parceiros: nem todas as instituições são potenciais apoiadores do projeto
	□ Compreender a natureza e as expectativas de cada setor da sociedade
	□ Saber escutar o potencial parceiro
	□ Respeitar as peculiaridades de cada instituição à qual se propõe uma parceria
3. Fontes de recursos	□ Governos municipal, estadual e federal
	□ Empresas
	□ Indivíduos
	□ Fundações nacionais e internacionais
	□ Instituições religiosas
	□ Eventos especiais
	□ Agências de cooperação internacional
	□ Projetos de geração de renda

Continua

Etapa	Conteúdo
4. Vantagens e desafios de buscar recursos em diversas fontes	☐ Vantagens: acesso a recursos diversos, como transferência de conhecimento, recursos humanos, doações em espécie, materiais, serviços, produtos, espaços físicos etc.; fortalecimento da organização e do grupo que coordena o projeto, a partir do desenvolvimento de novas habilidades e práticas; potencial para a construção de parcerias que criam visibilidade para todos os parceiros envolvidos
	☐ Desafios: compatibilizar valores e linguagem com diferentes públicos, pois a forma de abordar e falar com um empresário é diferente de fazê-lo com um governo, um indivíduo ou uma instituição religiosa; adotar mecanismos que contribuam para a fidelização dos doadores; orientar com precisão e objetividade os voluntários e garantir que seu número não seja superior ao necessário; descobrir e acessar, em cada organização, o responsável pela decisão final
5. Projetos de geração de renda	☐ Vantagens: podem gerar autonomia financeira, sustentabilidade, empregos e renda para a comunidade; reforçam a credibilidade do grupo que coordena a iniciativa junto aos doadores; podem ser criativos e inovadores, gerando novos modelos que alinham lucratividade e impacto social
	☐ Desvantagens: requerem habilidades específicas de planejamento e gerenciamento; podem não ser rentáveis devido aos custos de produção e de mão de obra

Destacou-se que a premissa orientadora básica desse processo é a coerência, a ética e a transparência: coerência entre a natureza dos recursos necessários e os potenciais apoiadores; ética na construção da relação de confiança entre a organização ou o gestor do projeto e os potenciais financiadores; transparência no uso dos recursos e na prestação detalhada de contas não só aos apoiadores, mas também aos beneficiários e à equipe envolvida na implementação do projeto.

Ressaltou-se, por fim, que a identificação de fontes exige planejamento e que este processo deve ser construído a partir de investigação, pesquisa, análise da informação coletada e preparo para a abordagem. Além disso, reforçou-se também que a abordagem inicial do parceiro deve abrir espaço para a troca de ideias e favorecer um aprendizado mútuo, gerando novos conhecimentos tanto para a equipe que organiza o projeto quanto para o doador.

Considerações finais

Um dos objetivos principais dessas experiências de ensino-aprendizagem é desenvolver uma alternativa eficaz para a solução dos problemas sociais relacionados a cada comunidade. Buscou-se no intercâmbio ciência-tecnologia-sociedade as soluções para atender aos problemas comunitários identificados. O processo foi dialógico, na medida em que estavam, de um lado, os educadores, com toda sua bagagem teórica dos conceitos de modelagem e elaboração de projetos, e, de outro, os cidadãos, com o seu saber prático adquirido durante anos de convivência e vitórias sobre as dificuldades.

As soluções foram construídas por meio do processo de reflexão-ação, jamais apresentadas como verdades absolutas. Os educadores muitas vezes se tornavam aprendizes, e os aprendizes educadores. Ao mesmo tempo que se transferiram tecnologias sociais para a comunidade, um conhecimento sobre a realidade dessas áreas da cidade foi repassado aos educadores. Foi uma oportunidade de conhecer a realidade de muitos beneficiários das políticas públicas estudadas ao longo do curso de mestrado e, para quem, no futuro, serão formuladas novas políticas. Trata-se de uma aproximação entre as políticas públicas e o cidadão.

O trabalho de extensão desenvolvido pela academia não deve se restringir à mera concepção de transferência de conhecimento para a sociedade. Sua finalidade precípua é compartilhar conhecimentos, como proposto por Paulo Freire, e não os impor aos interessados.

Como todo processo democrático, a experiência foi marcada por dificuldades e conflitos que foram contornados pelo próprio grupo (incluindo os educadores) com maior ou menor êxito. Boa parte das dificuldades encontradas pelos educadores na relação com o grupo diz respeito à linguagem empregada. Adequar a linguagem técnica, hermética, comum aos meios acadêmicos, de forma a torná-la acessível ao público participante, é um desafio que se impõe aos docentes, pesquisadores e teóricos.

Outra dificuldade identificada é a ampliação do programa, em virtude das limitações do espaço físico onde ocorrem os encontros pedagógicos e também da disponibilidade de educadores que possam acompanhar e monitorar com eficiência os projetos desenvolvidos. Devido ao sucesso da experiência e à sua tradição de 16 anos, muitas vezes é considerada a proposta de uma divulgação por meio da televisão e do rádio. Tal proposição é sempre descartada, visto que provocar uma demanda maior que a oferta acarretaria a queda da qualidade do processo de ensino-aprendizagem.

Trabalhar com comunidades é uma experiência estimuladora, apesar de cheia de desafios, pois proporciona aos educadores — envolvidos profundamente no universo teórico e distanciados das práticas sociais — a oportunidade de repensar não só a prática pedagógica, como a natureza da gestão pública. Esse estudo teórico-empírico encurta a distância entre os beneficiários e os agentes que futuramente se encarregarão da gestão de políticas públicas.

Esse processo de ensino-aprendizagem mostra que a prática pedagógica baseada no diálogo, visando ao espírito crítico e à autonomia do educando, respeitando a sua identidade cultural — ideais pregados por Paulo Freire —, é mais trabalhosa que a simples transferência de conhecimentos do professor para o aluno. Construir e praticar uma pedagogia da autonomia requer rigor, comprometimento, amorosidade e respeito de ambas as partes e o reconhecimento de que ensinar e aprender são processos inseparáveis e que cada indivíduo é um agente responsável por si.

Bibliografia

BOFF, Clodovis. *Como trabalhar com o povo*. 6. ed. Petrópolis: Vozes, 1986.

DAGNINO et al. Sobre o marco analítico-conceitual da tecnologia social. In: FUNDAÇÃO BANCO DO BRASIL (Comp.). *Tecnologia social:* uma estratégia para o desenvolvimento. Rio de Janeiro: Fundação Banco do Brasil, 2004.

FREIRE, Paulo. *Pedagogia da autonomia*: saberes necessários à prática educativa. 31. ed. São Paulo: Paz e Terra, 2005.

FUNDAÇÃO BANCO DO BRASIL (Comp.). *Tecnologia social*: uma estratégia para o desenvolvimento. Rio de Janeiro: Fundação Banco do Brasil, 2004.

TENÓRIO, Fernando Guilherme. (Coord.). *Administração de projetos comunitários:* uma abordagem prática. São Paulo: Loyola, 1995.

_____. Gestão social: uma perspectiva conceitual. *Revista de Administração Pública*, Rio de Janeiro: FGV, v. 32, n. 5, p. 7-23, set./out. 1998.

_____. (Coord.). *Elaboração de projetos comunitários*: uma abordagem prática. 5. ed. São Paulo: Loyola, 2002.

_____. (Coord.). *Avaliação de projetos comunitários*: uma abordagem prática. 4. ed. São Paulo: Loyola, 2003.

_____. (Re)Visitando o conceito de gestão social. In: LIANZA, Sidney; ADDOR, Felipe. (Orgs.). *Tecnologia e desenvolvimento social e solidário*. Porto Alegre: UFRGS, 2005.

_____. A trajetória do Programa de Estudos em Gestão Social (Pegs). *Revista de Administração Pública*, Rio de Janeiro: FGV, v. 40, n. 6, p. 1145-1162, nov./dez. 2006.

THIOLLENT, Michel. *Metodologia da pesquisa-ação*. 4. ed. São Paulo: Cortez, 1988.

_____. Perspectivas de metodologia de pesquisa participativa e de pesquisa-ação na elaboração de projetos sociais. In: LIANZA, Sidney; ADDOR, Felipe. (Orgs.). *Tecnologia e desenvolvimento social e solidário*. Porto Alegre: UFRGS, 2005.

VERGARA, Sylvia Constant. *Métodos de pesquisa em administração*. São Paulo: Atlas, 2005.

Conclusão

As análises apresentadas conduzem à conclusão de que a formação do gerente social requer habilidade e preparo teórico e prático capazes de garantir a percepção e a escolha dos instrumentos adequados de gestão.

O método do caso pode produzir bons resultados nesse processo de formação, desenvolvendo o senso crítico e a sensibilidade ao trato das diversidades. Dada sua versatilidade, pode ser conjugado com diferentes formas de pesquisa para o processo de coleta de informações e sugestões.

A parceria com o público beneficiário é de fundamental importância, posto que é a garantia de transparência e uniformidade de linguagem, bases para relações de comunicação. O gerente social deve estar apto a negociar e discutir viabilidades com os múltiplos atores envolvidos.

Todavia, a distância entre teoria e prática ainda é ampla. Somam-se a esta as distâncias a serem vencidas, no imaginário coletivo, entre saber especializado e popular, entre sonhos, viabilidade e dever social, assim como as disparidades de acesso à formação básica geral e humanística dos gerentes sociais.

Estes são os desafios da cidadania contemporânea, para cuja superação esperamos estar contribuindo.

Este livro foi impresso nas oficinas gráficas da Editora Vozes Ltda.,
Rua Frei Luís, 100 – Petrópolis, RJ.